이 춤의 운명은

이 춤의 운명은

살아남은 작품들의 생애사 정옥희

열화당

책머리에

역사 과목이라면 영 지루했다. 그곳엔 영웅과 천재와 미치광이들이 북적였다. 평범하고 내성적인 나와는 거리가 먼 사람들이 모험을 떠나고 큰일을 도모하고 대결을 펼치는 세계. 그곳에서 내가 속할 만한 자리를 찾기 어려웠다. 나는 그저 눈앞에 닥친 시험을 위해 인물과 사건을 외웠고, 시험이 끝나면 잊어버렸다.

춤의 역사도 마찬가지였다. 기록과 보존이 어려운 춤의 역사는 전설의 왕국이다. 공중으로 뛰어올라 내려오지 않았다는 신들이 즐비했지만, 내겐 감흥이 없었다. 발레학원에 다니기 시작한 여덟 살 때부터 춤은 내 몸으로 살아내는 것이었다. 살아 숨 쉬는 춤, 땀 흘리는 춤, 근육통으로 뻐근한 춤, 넘어지고 실수하는 춤. 나는 과거보다 현재, 현재보다 미래를 바라보며 하루하루 춤췄고, 대단해 보이는 위인이나 지나간 사건엔 관심을 두지 않았다. 안나 파블로바니 루돌프 누레예프니 해도 오늘 내가 추는 춤이 더 재미있었다.

그러나 무용수들은 고전 위에서 성장한다. 그들은 한 세대에서 다음 세대로 전해 내려오는 갖가지 작품들을 맛보고 연습하며 자란다. 인정하든 안 하든, 인식하든 안 하든 춤의 역사는 그들의 몸속에 조금씩 축적된다. 수업 시간의 연습 동작으로, 반주 음악 중 하나로,

새로운 작품의 모티프로, 역사는 여기저기서 툭툭 나타나며 쌓여 간다. 그러나 그뿐이다. 무용 전공생들에게 고전이라 함은 콩쿠르용 작품 목록에 지나지 않는다. 마치 자판기에 고르게 늘어선 음료수처럼 하나를 선택하면 된다. 한 작품과 다른 작품의 차이는 오직 무용수의 체격과 테크닉을 돋보이게 해 주는지와 관련있을 뿐, 그 이상도 이하도 아니다. 나는 중학교 때 처음으로 콩쿠르에 나갔는데, 그때 춤춘 작품이 마리우스 프티파의「잠자는 숲속의 미녀」에 나오는 '파랑새 파 드 되' 중 여자 솔로 베리에이션이었다. 유독 짧은 베리에이션이라(일 분이 채 안 되었다) 선생님이 마음대로 늘려 준 족보 없는 버전이었다. 콩쿠르를 위해 수백 번 같은 음악을 듣고 같은 동작을 반복했지만 프티파가 누군지엔 관심 없었다. 그저 '위대한 발레 안무가'라고만 알았다. 그거면 되었다.

　시간이 한참 흘러 무대에서 내려오고, 학생들을 가르치고, 아이를 낳아 기르고, 무엇보다 미래를 그리 기대하지 않는 나이가 되면서 새삼 옛 사람들이 보이고 이야기가 보이기 시작했다. 길고 까다로운 철자의 안무가 이름, 무미건조한 작품들의 정보와 기록, 흐릿하게 남은 흑백사진이나 그림에 얽힌 사연이 궁금해졌다. 왜 그랬을까. 아마도 인생이 내 생각대로 되지 않는다는 것을 절감하며 다른 이들의 사연에 귀 기울이기 시작했던 것 같다. 한때는 똑 닮은 모습으로 나란히 서서 춤추던 친구들이 하나 둘 제 인생의 여정을 찾아 갈라지는 것을 보면서, 한 줄 목록에 고르게 늘어선 작품들에서도 제각각의 색채와 굴곡이 눈에 들어왔다. 안무가, 무용수의 인생이 보였고, 그 아래 작품의 생애도 보였다. 안무가와 초연 연도로 납작해져 있던 작품의 결이 살포시 부풀어 올랐다. 인간의 생을 예측할 수 없듯 작품의 생도 참 곡절이 많다는 생각을 한 것도 그때였다.

이 책의 시작은 소박했다. 2018년 7월부터 2019년 3월까지 월간지 『객석』에 연재했던 '이 춤의 운명이라니' 시리즈를 다듬고 확장한 것이다. 일반 독자들에게 춤을 소개해 보자는 기획안을 받고 하나의 춤이 탄생해서 어떻게 살아가고 살아남거나 혹은 사라지는지 그 굽이굽이 맺힌 사연을 들여다보고 싶었다. 춤의 존재론인 셈이다. 한 사람의 삶이 끝나도 타인의 기억 속에서 살아남듯 하나의 춤도 전승과 변형을 통해 다른 춤과 연결됨을 드러내 보이고자 했다. 그럴 때 생의 의미는 확장된다.

많은 이들의 도움 덕에 멋진 사진들로 가득 찼다. 사진을 흔쾌히 무료로 제공해 준 덴마크왕립발레단(The Royal Danish Ballet), 포사이스무용단(The Forsythe Company), 유니버설발레단, 루이비통 코리아, 무용기록법사무국(Dance Notation Bureau), 조디 스펄링(Jody Sperling), 도미니크 멘초스(Dominik Mentzos), 뤽 페통(Luc Petton), 토니 루이스(Tony Lewis), 그리고 김문숙 선생님에게 감사드린다. 또한, 초보 작가를 믿고 기다려 준 열화당의 이수정 편집장과 글 한 줄, 사진 한 장 꼼꼼히 점검해 준 나한비 편집자, 깔끔하게 디자인해 준 박소영 디자이너에게 감사드린다. 마지막으로 나에게서 뻗어 나간 세인, 세아에게 이 책을 선물한다.

2020년 10월
정옥희

차례

들어가는 말

이 책은 '춤의 열전(列傳)'이다. 무용사에 등장하는 유명한 무용가나 안무가가 아닌, 춤 작품 자체에서 캐릭터와 그들의 생을 읽어낸다. 춤은 첨예한 대립 속에서도 특유의 친화력으로 어느 진영에서나 사랑받거나, 몸 사리지 않고 제 할 말 다 하는 총알받이가 되길 자청하거나, 혹은 앞에 나서기보단 조용히 제자리를 지키며 모두가 기댈 수 있는 언덕이 되어 주는 등 제각각의 관점에서 세상과 얽힌다. 춤 작품은 제 나름의 인생을 살아간다. 작품의 생은 인간의 생만큼이나 드라마틱한데, 야유와 혹평 속에 탄생한 작품이 훗날 걸작으로 추앙받는가 하면, 철저히 시장의 요구에 맞춰 탄생했으나 시장에서 외면당하기도 한다.

춤의 생애는 안무가의 생애와 구별되어야 한다. 내가 낳은 자식이라고 내 뜻대로 살아 주지 않듯, 작품 역시 안무가의 인생과는 상관없이 살아간다. 유명한 예술가들이 모여 만든 기대작이 병약하게 목숨을 부지하기도 하고, 성공적인 데뷔작이 안무가의 창조성을 옭아매는 족쇄가 되기도 한다. 안무가에게서 떼어 놓고 보면 춤은 인간과는 다른 생체리듬을 지닌 하나의 생명체 같다. 쉽게 멸종해 버리기도 하고, 낮은 호흡을 유지하던 동면 상태에서 깨어나 괴이한 존재로 탈바꿈하기도 하며, 때론 구미호처럼 환생을 거듭하며 영생을 누리는 존재이기도 하다. 추어지지 않는다고 해서 죽은 것은 아니다. 언제 어디서 뜬금없이 되살아나 낯선 모습으로 나타날지 모른다. 프랑켄슈타인 박사가 만든 괴물처럼, 일단 태어나면 춤은 통제 불능의 삶을 영위한다.

춤의 생애를 본다는 건 춤을 초연에 박제하지 않는다는 뜻이기도 하다. 소개팅에서 처음 만난 상대에게 자신의 직업, 나이, 취미나 관심사를 이야기하듯, 춤도 자기소개가 가능하다. 대개는 춤의 탄생, 즉 초연을 들이민다. 누가 안무했고, 음악, 무대장치, 의상은 누가 맡았으며, 어떤 무용수가 출연했고, 언제 어느 도시의 어느 극장에서 처음 공연되었는지 말이다. 그러나 소개팅의 첫 대화가 그러하듯 초연의 정보가 그 춤에 대해 알려 주는 건 별로 없다. 그럼에도 춤 소개가 초연으로 귀결되는 까닭은 대부분 초연이 곧 춤의 본질이라고 넘겨짚기 때문이다.

허나 초연은 춤의 시작일 뿐이다. 갓난아기가 한 인간의 본질이 아니듯 초연 역시 춤의 본질은 아니다. 초연을 춤의 본질로 삼으면, 이후의 변화가 늘 안타깝고 분개할 만한 오염 혹은 변절로 보인다. 그러나 초연을 춤의 출발점으로 삼는다면, 이후의 변화가 자연스러운 삶 혹은 '커리어'로 보인다. 커리어로 치자면 이력이 다채로울수록 각광받을 수도 있다. 우리의 인생에 굴곡이 있고 명암이 있듯, 한 춤의 생애도 우여곡절로 가득하다. 그 굴곡에서 무엇이 더 중요하거나 하찮다고 말할 수 없다. 변화했다고 해서 더럽혀지거나 변절한 것 또한 아니다. 인생을 단정 짓지 않고 바라보는 자세로 춤의 생애도 바라보아야 할 것이다.

열두 춤의 생애

이 책은 열두 편의 춤을 소개한다. 지금까지 인간이 추어 온 무수한 춤 중에서, 그중에서도 '예술작품'이라고 분류된 무수한 춤 가운데 겨우 열두 편을 뽑았다. 그러나 춤의 '고전'을 엄격하게 선별해 춤에 대한 균형 잡힌 좌표를 제시하는 것은 아니다. 열두 작품 중엔 「백조의 호수(Swan Lake)」나 「봄의 제전(Le Sacre du printemps)」과 같은 명불허전도 있지만, 「넬켄(Nelken)」처럼 안무가의 대표작에서 밀려난 작품도, 「사우스랜드(Southland)」처럼 국내 관객들에게 낯선 작품도 포함되었다. 대신 저마다 독특한 캐릭터와 파란만장한 생애를 지닌 작품들이다. 한 작품, 한 작품을 초연 때의 모습으로 판단해 지나쳐 버리지 않고 인내심을 갖고 들여다보면, 그 안에서 훨씬 풍부한 애깃거리와 숱한 반짝임을 발견할 수 있다. 멈추어 있는 듯한 식물도 느긋이 지켜보면 다채로운 모습을 보여주는 법이니 여유롭게 들여다보자.

「백조의 호수」는 발레의 대명사가 된 작품으로, 여성에 대한 성과 속의 이분법, 군주제와 가부장제, 그리고 결혼과 사랑의 여러 알레고리를 담고 있다. 가장 많이, 가장 과감하게 재해석되는 작품 중 하나로 안무가의 역량을 시험한다. 「봄의 제전」 역시 수많은 안무가들이 재해석에 도전하는 작품이다. 초연의 떠들썩한 혹평 이후 완전히 사라졌다가 기어이 되살아난 작품은 무덤에서 걸어 나온 좀비처럼 생경하다. 반대로 「계시(Revelations)」는 안무가의 무용단 외에 다른 무용수나 안무가가 절대 손댈 수 없는 힘을 가지게 되었다. 미국 흑인의 전유물이 된 이 작품은 그 마력으로 인해 창조자를 압도해 버린다.

「라 실피드(La Sylphide)」는 기구한 작품이다. 안무가가 만든 작품은 사라지고 이를 표절한 작품이 살아남아 정통 레퍼토리로 대접받고 있다. 기구하기로 치면 「사우스랜드」도 마찬가지다. 미국의 인종 문제를 정면으로 다룬 이 작품은 안무가의 커리어를 구렁텅이로 몰고 갔으며, 그 안무가는 마치 조국을 잃은 이처럼 오랫동안 미국 땅을 밟지 못했다. 「뱀춤(Serpentine Dance)」 역시 단순하지만 획기적인 작품으로, 춤 작품이 예술가의 지적재산임을 인정받기 위해 끝없는 투쟁을 벌였다. 오늘날에도 자신의 작품에 대한 정당한 권리를 인정받지 못하는 예술가가 많다는 점에서 이는 장르를 넘어 숱한 작품들과 연결된다.

춤의 존재론에 질문하는 작품도 있다. 「이벤트(Event)」는 작품이면서 작품이 아니기도 하다. 작품으로서의 권위나 자존심을 내려놓음으로써 더 큰 의미를 담아낸다. 「하나의 편평한 것, 복제된(One Flat Thing, reproduced)」은 춤에 내재된 정보를 추출해 완전히 다른 모습으로 치환시킨다. 한 줌의 데이터가 된 춤은 어떻게 존재하는지 질문한다.

「불새(L'Oiseau de feu)」는 처음부터 시장의 취향과 요구에 맞춰 철저히 만들어진 상품이다. 하지만 여러 해의 연습생 시절을 거치며 어디 하나 빠지는 구석 없이 능력을 두루 갖추었음에도 큰 인상을 남기지 못했다. 「트리오 에이(Trio A)」는 실험적이고 저항적인 정신으로 가득 찬 작품이지만 전설적인 작품으로 자리잡으면서 뒤늦게 권위를 구축해 갔다. 그 과정 속 카피레프트에서 카피라이트로 태세를 전환하면서 대중의 문화 향유에 대한 욕구와 아티스트의 권리가 충돌한다.

「넬켄」은 안무가의 대표작으로 꼽히진 않았지만 안무가의 사후 가장 낭만적이고도 애틋한 방식으로 애도와 공감을 나누는 춤이 되었다. 반면 「학춤」은 안무가의 사망 후 복잡한 계보와 권위의 정치학 속에 빠르게 지워져 갔다. 「학춤」은 본 책이 다루는 유일한 한국춤이다. 서양춤을 전공한 필자가 내공이 부족해 한국에서 추어진 숱한 춤들을 깊이 다루지 못했다. 그럼에도 계파와 장르, 문화권을 가로지르며 연결되는 학춤의 모티프에 매료된 나머지 용기 내어 「학춤」을 담았다.

과거의 춤은 오늘날 춤의 놀이터이다

열두 편의 춤들은 최신 춤이 아니다. 이들 중 가장 최근 작인 「하나의 편평한 것, 복제된」이 딱 이십 년 전에 탄생한 작품이니, 전반적으로 상당히 낡아 보인다. 오래된 춤을 소개하는 이유는 뭘까. 낡은 강의 노트를 되풀이해 읊는 노교수처럼 '꼭 봐야 할 고전'을 들먹이려는 건 아니다. 그보다는 오늘날의 춤, 컨템퍼러리댄스에 대한 이해를 돕기 위해서다. 컨템퍼러리댄스는 진공 속에 존재하는 게 아니라 과거의 춤과의 공명 속에 존재한다. 낡은 (듯한) 춤, 그러나 자꾸만 돌아오는 춤의 그림자를 오늘날의 춤에서 읽어낼 수 있을 때 비로소 예술춤을 이해할 수 있다.

컨템퍼러리댄스에서 과거의 춤은 하나의 장르가 되었다. 춤 복원 전문가들 덕분에 바츨라프 니진스키(Vaslav Nizinsky)의 「봄의 제전」과 「유희(Jeux)」, 예안 뷜린(Jean Börlin)의 「스케이팅 링크(Skating Link)」처럼 전설로만 남았던 작품이 현대의 관객 눈앞에 펼쳐지는 마술을 부린다. 발레계에선 알렉세이 라트만스키(Alexei Ratmansky)나 피에르 라코트(Pierre Lacotte)처럼 십팔구세기 발레를 줄줄이 복원하는 안무가들도 있다.[1]

복원이 꼼꼼한 연구자들의 놀이터라면 재해석은 창조자들의 놀이터다. 「백조의 호수」나 「지젤(Giselle)」 「봄의 제전」 등은 여러 안무가들이 끊임없이 새로운 해석에 도전장을 내미는 영역이다. 음악의 힘과 인류 공통의 주제에 이끌린 안무가들은 원작의 모티프를 비틀고 전복해 새로운 의미를 생성한다. 꼭 '기존 작품의 재해석'이라는 명분을 내세우지 않더라도 오늘날의 춤엔 과거의 춤이 다양한 방식으로 삽입되고 활용된다. 이를테면 컨템퍼러리 예술은 레퍼런스의 놀이이지 않은가.

그러고 보니 오늘날 최첨단의 유행은 과거의 춤을 잘 가지고 노는 것이다. 아예 과거의 춤을 큐레이션하는 작품도 있다. 안무가 보리스 샤르마츠(Boris Charmatz)의 「이십세기를 위한 스무 명의 무용수(20 danseurs pour le XXe siècle)」는 박물관에서 스무 명의 무용수가 자신의 몸으로 경험해 온 춤을 제각각 추면 관객이 돌아다니며 구경하는 작품이다. 안무가가 새로운 움직임을 만드는 것이 아니라 이미 존재하는 춤을 관객의 다른 시각으로 보게끔 하는 것이 작품이 된 것이다.

이런 현상들은 따라쟁이나 기회주의자, 혹은 과거 찬미자가 벌이는 별난 이벤트가 아니다. 춤, 그리고 춤추는 몸은 역사를 축적하고 있다. 춤을 감상한다는 것은 지금 여기에서 펼쳐지는 움직임 너머로 이어지는 역사를 알아차리고, 그 역사가 지금 여기에 있는 몸을 통해 새롭게 거듭나는 과정을 즐기는 것을 뜻한다. 과거의 춤은 오늘날 안무가의 작업실이자 놀이터요, 오늘의 관객 역시 작품의 생애를 이해할 때 오늘의 춤을 더욱 즐길 수 있다.

과거의 춤이 하나의 놀이터가 된 세상이다 보니 '원작'의 개념도 달라진다. 예술가에게 원작은 시시콜콜 잔소리하는 사감 선생 같지만 한편으론 상상할 거리를 던져 주는 뮤즈이기도 하다. 차용, 오마주, 때론 표절을 통해 원작의 콘셉트가 어떻게 전승되고 변형되어 완전히 새로운 곳에 도달하는지를 따라가 보면 새롭고도 풍부한 변주가 드러난다. 학춤을 보자. 궁중에서 추어진 학무와 민간에서 추어진 학춤의 계통이 굽이굽이 이어지는 가운데, 안무가들은 이를 새롭게 조합하고 창작해 저마다의 학춤으로 만들었다. 춤의 경계 안에 머무를 필요도 없이, 건축가 프랭크 게리(Frank Gehry)가 최근 서울에 지은 루이 비통 메종의 지붕은 도포 자락 펄럭이며 너울거리는 학춤의 미학을 담고 있다. 건물로 재탄생한 작품에서 동래학춤의 원본성을 따지는 일은 무의미하지 않은가. 원작에 얼마나 충실하냐를 따지기보단 원작의 모티프가 끝없이 펼쳐져 가는 걸 구경하는 것이 더 흥미로운 일이다.

춤으로 그린 별자리

열두 편의 춤을 나란히 엮으니 하나의 독특한 별자리처럼 보인다. 별자리란 뭘까. 하늘에 떠 있는 별들에겐 동서남북이 없는데 말이다. 다른 별보다 빛나는 별들을 엮어 동물이나 신화 속 인물의 형상에 끼워 맞춘 것이 별자리다. 인간의 필요에 따라, 인간이 정한대로 수많은 점들이 연결되었고 이름과 체계가 생겨났다. 무한대의 별들 중에 극히 일부가 임의의 선으로 이어져 형태를 갖춘 것이지만, 한번 생겨난 별자리들은 강력한 의미를 갖게 되었다. 이제 인간은 밤하늘을 올려다볼 때마다 자연스레 별자리부터 찾으며 세상과 자기 인생의 행로를 살핀다.

그렇다면 열두 편의 춤을 엮음으로써 생겨난 새로운 의미는 무엇일까. 예술춤의 역사를 대표하는 걸작을 선정한 것도 아니고, 지역적 안배나 정치적 올바름을 고려한 것도 아니다. 한편으론 낡고 한편으론 편향적인 별들을 연결해 새로운 별자리를 그리는 목적은 춤의 역사를 서술하는 방식의 매너리즘에서 벗어나기 위함이다.

예술춤의 역사는 흔히 르네상스부터 발레, 모던댄스, 포스트모던댄스, 그리고 컨템포러리댄스에 이르기까지의 과정을 가늘고 길게 서술한다. 방대한 시간을 압축하다 보니 비약적일 수밖에 없는 데다가 서양 중심, 백인 중심, 남성 중심이라는 비판을 받아 왔다. 무용학자 켄트 드 스페인(Kent De Spain)의 표현처럼 "계급 차별적이고 인종차별적인 이데올로기는 (…) 사회문화적으로 힘있는 자들의 과거와 현재를 '역사'와 '비평'의 영역에, 그 외 모두의 과거와 현재를 '인류학 또는 문화기술지'의 영역에 배정해"[2] 왔기 때문이다. '예술'이라는 개념이 서양에서 출발했다는 점을 인정하더라도 서술의 대부분을 힘을 가진 자들의 춤에 할애했다는 사실은 비난을 면치 못한다.

이러한 각성에서 볼 때 이 책은 그리 급진적이지 않다. 컨템퍼러리댄스의 최신 경향을 발 빠르게 설명하지도, 그렇다고 예술춤의 역사를 꼼꼼하게 혹은 위에서 말한 통념을 깨고 획기적으로 보여주지도 않는다. 대신 춤의 원작에 대한 개념을 바꾸고 그 통사(通史)에 숨겨진 단절과 불연속적인 관계성을 드러내려고 한다. 하나의 춤은 탄생한 자리에 머물러 있는 것처럼 보여도 그 족적을 당겨 보면 뜻밖의 인물과 작품이 줄줄이 딸려 나온다. 이질적인 주체들이 벌이는 끝말잇기라고나 할까, 공을 떨어뜨리지 않고 패스하는 놀이라고 할까, 낯선 땅에 뿌리 내리는 민들레 홀씨를 관찰하기랄까. 의도치 않은 상황과 맥락으로 이어지는 춤엔 작품의 원본이나 본질, 정통 따위의 개념은 중요하지 않다. 낡은 춤이 최신 무기로 돌변하는 순간이야말로 기존 가계도나 족보로선 담아낼 수 없는 장면일 것이다. 여기에 작품의 우여곡절과 흥망성쇠를 따라가면서 자연스럽게 춤의 보존과 복원, 예술작품의 정체성, 국제 정세와 갈등, 테크놀로지의 응용 등 춤을 둘러싼 다양한 이슈들을 풀어내고자 한다.

하지만 딜레마가 있다. 예술춤의 역사를 모르는 이에게 어찌 전복을 설명할 수 있을까. 대상이 있어야 전복도 가능하다. 따라서 소위 전통적인 방식으로 예술춤의 역사를 간략히 소개하려 한다. 무용 전공자들에겐 익숙한, 그러나 일반인에겐 낯설지 모를 내러티브다. 각 춤의 생애를 들여다보기 전에 먼저 읽거나 나중에 읽거나, 혹은 읽지 않거나, 제각각 다르게 춤이 다가오리라 생각한다.

오랫동안 사람들은 춤을 춰 왔다. 기록에 남아 있지 않은 시절의 춤이 어땠는지 우리는 알 수 없지만, 기쁠 때와 슬플 때, 공동체와 개인에게 중요한 일이 있을 때, 남자와 여자가, 여럿이서 혹은 혼자서, 사람들은 춤췄다. 춤이 예술이 된 건 훗날의 이야기다.

예술춤이란 무엇일까? 공연자가 춤추고 관객이 구경하는 춤. 종교적 제의나 사회적 의식, 남녀의 구애, 교육, 치료 등의 실용적인 목적을 가지기보다는 심미적 감상이 목적인 춤. 예술춤을 이렇게 정의한다면 그 시작은 십육세기 말엽 르네상스 시대의 유럽에서 탄생한 '발레'다.

발레, 예술춤의 고전

흔히 발레의 역사는 '이탈리아에서 탄생해 프랑스에서 꽃피우고 러시아에서 완성되어 세계로 퍼져 나갔다'고 요약되곤 한다. 중세 교회의 힘이 무너진 르네상스 시기의 이탈리아에서 귀족들은 우아한 몸가짐을 배우고 사교춤을 즐겼다. 여기에 귀족들이 즐겨 보던 스펙터클, 그러니까 떠들썩한 행렬과 이국적인 주제의 가장 무도회, 횃불을 활용한 횃불 무용, 수백 마리의 말을 정렬시켜 행진하는 마상

발레(dressage) 등의 화려한 볼거리의 전통이 더해지면서 발레는 극적 형식을 갖춘 예술 양식으로 발전했다. 그리고 메디치 가문의 후계자인 카트린이 프랑스의 앙리 2세와 결혼하면서 발레는 프랑스에 이식되었다.

프랑스의 '궁정발레'는 오늘날 우리가 아는 발레와 사뭇 다르다. 귀족 남성들이 거추장스러운 복식을 갖추고 높은 가발과 가죽 가면을 쓴 채 우아하게 걸어 다녔다. 하지만 걷는 동작이 많다고 해서 쉬운 건 아니었다. 우아한 몸가짐으로 까다로운 발동작을 정확하게 수행하는 것은 권력이 몸짓으로 가시화된 왕실에서 살아남는 데 필요한 능력이었다. 귀족 간의 서열이 만들어내는 '구별짓기'의 도구로 테크닉이 중요해졌다.

그러나 테크닉의 발전은 양날의 칼이 되었다. 테크닉이 아마추어 귀족들이 행하기 어려울 정도로 발전하자 귀족들이 이탈하게 된 것이다. 이제 귀족들은 무대에서 내려와 관객이 되었고 무대는 평민 출신의 무용수들이 차지했다. 발레는 아마추어 귀족의 여흥에서 평민 전문 무용수의 예술로 전환되었다. 이는 발레의 직업화, 전문화를 뜻하는 동시에 발레의 사회적 지위가 하락하게 됨을 의미했다. 그 전환점에 태양왕 루이 14세가 있었다. 열세 살부터 무대에 올라 진지하게 발레를 추었던 루이 14세는 중년이 되면서 무대에서 내려와 왕립무용아카데미[3]를 설립했다. 왕이 춤출 때는 발레가 귀족들의 중요한 활동이었으나, 왕이 춤을 멈추자 발레는 평민의 영역으로 넘어가 저하되었다.

프랑스혁명을 거치며 파리 오페라극장은 왕립 기관으로서의 상징성과 권위를 잃어 갔다. 왕과 귀족 대신 부르주아 관객들이 객석을 차지하게 되면서 대중의 취향과 사회적 분위기를 반영한 작품들이 등장했다. 여성 군무가 대거 등장하고, 거추장스러운 의복이 사라졌다. 그리고 혁명의 이념인 자유, 이성, 순수함을 상징하는 흰 옷에 토슈즈와 튀튀(tutu)가 더해지면서 오늘날 발레리나의 이미지가 만들어졌다. 발레를 여성적인 예술로 각인시킨 '낭만발레'다. 낭만발레는 요정, 정령 등의 초자연적인 존재, 꿈과 몽상에 대한 내적 풍경, 이국적인 것의 매력, 상실감과 갈망 등을 다루면서 유럽 낭만주의 사조를 반영했다.

프랑스혁명 후 왕실의 전폭적인 지지 없이 호화로운 발레가 살아남기는 어려웠다. 상황이 어려워지자 유럽의 많은 무용가들이 러시아로 떠났고, 서유럽의 문화를 받아들여 발전하고자 했던 러시아는 발레를 적극적으로 받아들였다. 루이 14세의 강력한 왕조를 닮고 싶었던 로마노프 왕조에게 발레는 전제군주제의 이념을 설파하기에 안성맞춤이었다. 유럽에서 찾아든 무용가들은 러시아 왕실의 비호 아래 번성하며 새로운 전기를 마련했다. 그중에서도 프랑스 출신의 안무가 마리우스 프티파(Marius Petipa)는 오십 년간 황실러시아발레단(현 마린스키발레단)을 장악해「백조의 호수」「호두까기 인형」「잠자는 숲속의 미녀」등 수많은 작품을 남겼다. 모든 것이 완벽하게 짜인 이 작품은 정교한 시계 장치를 들여다보는 듯한 만족감을 준다. 인간이 만들어낸 인위적인 아름다움, 화려한 볼거리와 강한 형식미를 갖춘 발레는 또 한 단계 올라섰다. 이것이 훗날 서유럽으로 다시 소개되면서 '고전발레'라 명명되었다.

일반적으로 예술 사조에서는 고전주의 다음에 낭만주의가 이어지지만 발레에선 그 반대다. 낭만발레는 낭만주의 사조 말기에 등장해 낭만주의적 주제를 담고 있었다. 반면 고전발레는 낭만발레 이후에 등장했으니 시기적으론 고전주의가 아니지만, 발레의 형식적 체계가 고전주의에 입각해 정형화되면서 붙여진 개념이다. 다시 말해 낭만발레는 내용의 측면에서 낭만적이고, 고전발레는 형식의 측

21

면에서 고전적이다.

고전은 힘이 세다. 엄격하고 완벽한 내적 체제를 갖추었다. 그러나 그 완성미와 엄격함은 예술적 창의력을 옭아매는 족쇄이기도 하다. 필연적으로 저항의 움직임이 생길 수밖에 없다. 고전이라는 것이 이십세기 초에 등장했다는 것, 그리고 그때부터 예술춤의 분열이 시작된 것이 의미심장하다. 한 장르가 안정적인 고전의 체계를 구축한 순간 안팎에서 저항이 일어났다. 발레 안에서는 발레 뤼스(Ballets Russes)라는 단체가 혁명적 실험을 주도했다. 황실러시아발레단에서 발레마스터로 삼십 년간 군림해 온 프티파의 체제에 저항한 젊은 예술가들은 세르게이 디아길레프(Sergei Diaghilev)가 조직한 신생 무용단 발레 뤼스에 모여 발레의 외연을 넓혔다. 한편 발레 밖에선 발레에 편입되길 거부한 무용가들이 새로운 춤의 가능성을 실험했다. 바로 '모던댄스'다.

모던댄스, 비로소 예술이 된 춤

'안티발레', 말 그대로 발레가 아닌 춤을 추고 싶다는 욕망은 이십세기 초 모던댄스를 탄생시킨 원동력이었다. 따라서 모던댄스는 발레의 반대 방향으로 나아갔다. 발레가 스토리를 통해 외부 세계를 재현한 반면 모던댄스는 내적이고 추상적인 정서를 표현했고, 발레가 정형화되고 보편적인 테크닉을 확립한 데 반해 모던댄스는 순수하고 새로운 움직임을 만들고자 했다. 그러나 동시에 눈요깃거리가 되어선 안 되었다. 모던댄스는 당시 벌레스크(burlesque)[4]나 카바레에서 추던 대중적인 춤과도 거리를 둠으로써 진지함을 인정받고자 했다.

안티발레는 형식뿐 아니라 내용에도 적용되는 원칙이었다. 발레의 왕자, 공주 이야기, 우아하고 매력적이며 단순한 주제에 모던댄서들은 공감할 수 없었다. 특히 1930년대 일차세계대전으로 인해 세계적 재난과 실존적 위기를 겪은 예술가들은 '지금, 여기'에서 어떤 춤을 출 것인가에 대해 고민했다. 모던댄스 일세대 안무가인 도리스 험프리(Doris Humphrey)는 전통을 따르던 발레를 '잠자는 공주'에 비유하며, 이제 춤은 잠에서 깨어났다고 보았다.

> 무용은 아주 최근까지도 궁정이나 극장에서, 발랄하고도 귀엽고 유쾌하기만을 교육받으며 자라난, 말 잘 듣고 어여쁜 소녀가 하는 것이었다. (…) 첫번째 세계적 재난으로 인한 사회적 대변혁은 구성적 이론의 출현에 다른 어떤 것보다 직접적인 영향을 끼쳤다고 필자는 생각한다. (…) 미국과 독일에서 무용수들은 자신들에게 몇 가지 심각한 질문을 던졌다. '나는 무엇에 관하여 춤추고 있는가?' '이것은 나라는 사람의 관점에서, 그리고 내가 살고 있는 세계의 관점에서 볼 때 가치있는 것인가?' '만약 그렇지 않다면 다른 형태의 무용이란 어떠해야 하며 그것은 어떻게 만들어져야 할까?'[5]

모던댄스로 인해 춤은 정식으로 '예술'임을 인정받게 되었다. 발레가 오랫동안 서양사회에서 발전해 왔고 때론 크게 유행했음에도 순수예술 체계가 확립되는 과정에서 춤은 소외되어 왔다. 춤은 예술이라는 개념이 생긴 뒤 한참 후에, 이마저도 미학적으로 예술성을 입증받기보단 예술 개념이 확장되면서 자연스럽게 포섭된 경향이 있다. 말하자면 뒷문으로 입성한 것이다. 하지만 이십세기 초에 등장한 모던댄스는 감정이나 정서를 표현하는 데 몰두했고, 마침 '예술은 표현이다'라는 당대의 예술론과 맞아떨어지며 독립적이고 지적인 예술로 자리잡게 되었다.

들어가는 말

모던댄스의 선구자로 흔히 로이 풀러(Loïe Fuller), 이사도라 덩컨(Isadora Duncan), 루스 세인트 데니스(Ruth St. Denis)가 꼽힌다. 모두 미국 여성으로, 솔로 콘서트 댄서로서 활약했다. 풀러와 덩컨은 보수적인 미국보다는 유럽에서 먼저 인정받았다. 풀러는 큰 천을 휘두르며 빛을 비추는 환각적인 춤으로 파리지앵의 사랑을 받았고, '맨발의 이사도라' 덩컨은 유럽 지식인들의 총애를 받으며 춤을 지적인 활동으로 인식시켰다. 데니스는 여러 동양춤을 차용한 이국적인 춤으로 유명했는데, 특히 남편인 테드 숀과 함께 데니숀 무용학교를 세워 미국 모던댄스의 후속 세대를 양성했다. 그 학교 출신인 마사 그레이엄(Martha Graham)과 도리스 험프리는 본격적인 일세대 모던댄서로 꼽히며, 그들의 제자인 남성 무용가들이 대거 등장하면서 이세대, 삼세대 모던댄서의 계보를 이어 갔다. 컴퓨터프로그래밍이나 시스템분석처럼 어떤 분야든 덜 권위적인 영역에 여성이 진출해 인정받으면 이후 남성들이 유입해 장악하는 패턴은 모던댄스에서도 발견된다.

모던댄스의 역사는 미국을 중심으로 서술되는 경향이 있으나 유럽에서도 같은 시기에 발생했다. 대표적으로 독일에선 루돌프 폰 라반(Rudolf von Laban)과 그의 제자 마리 비그만(Mary Wigman)을 중심으로 인간의 실존 및 공동체적 움직임을 표현하는 표현주의 무용(Ausdruckstanz)이 형성되었다. 표현주의 무용의 심각한 주제 의식, 인간 본성에 대한 고찰은 피나 바우슈(Pina Bausch)의 탄츠테아터(Tanztheater)[6] 및 유럽 컨템퍼러리댄스 전반에 영향을 미쳤다. 하지만 유럽은 양차세계대전을 겪으며 문화적 공황을 겪은 데다 특히 독일의 경우 라반과 비그만의 친나치 행적에 대한 반작용으로, 예술적 실험을 꾀하기보다는 이념적으로 안전한 발레로 회귀하는 경향을 보이게 된다.

포스트모던댄스와 컨템퍼러리댄스, 지금 여기의 춤

혁신은 지속되지 않는다. 모던댄스는 발레의 인위적인 규칙에 저항해 생겨났지만, 점차 발레만큼이나 구조나 형식이 정형화했다. 이에 모던댄스의 일세대들이 대가로 군림하는 동안 젊은 예술가들은 예술춤의 관습에 본질적인 질문을 던졌다. 마사 그레이엄의 제자이자 동료였던 머스 커닝햄(Merce Cunningham)은 감정을 표현하지 않는 춤, 우연의 조합으로 만들어진 춤을 통해 인간의 의지나 관습이 배제된 순수한 움직임을 발견했다. 또한 뉴욕의 저드슨 교회를 중심으로 활동했던 젊은 예술가들은 훈련되지 않은 무용수, 티셔츠나 운동화의 일상복, 무대가 아닌 낯선 공간, 노동에 가까운 움직임, 때론 아예 움직이지 않기 등, 춤의 관습을 전면적으로 부정하는 극단적인 실험을 이끌며 각자의 분야에서 전위적 실험의 선구자가 되었다. 무용학자 샐리 베인즈(Sally Banes)는 1960년대 이들의 활동을 '포스트모던댄스'라 명명했다. 모던댄스와는 결이 다른 새로운 흐름이라는 뜻에서였다. 마침 이들이 음악, 미술 등 다른 예술 분야로 돌아가 포스트모더니즘의 기폭제가 되면서 포스트모던댄스라는 용어는 자연스럽게 받아들여졌다. 반면 포스트모던댄스를 모던댄스의 연장선상으로 보는 입장도 있다. 무용비평가 돈 맥도나(Don McDonagh)의 책 제목인 『모던댄스의 융성과 쇠퇴, 그리고 융성(The Rise and Fall and Rise of Modern Dance)』처럼 이들은 다시 등장한 모던댄스인지도 모른다. 왜냐하면 모던댄스는 움직임을 예술의 주요 매체로 삼아 순수성을 탐구했고 포스트모던댄스는 이 실험을 극단적으로 밀어붙였다는 점에서 사실상 모던댄스의 완성이라 할 수 있기 때문이다.

하지만 포스트모던댄스의 실험은 일찍 소진되었다. 무대 위에서 매트리스를 옮기고, 가만히 서 있고, 건물 외벽에 줄을 매달아 걸어 내려오고 나니, 그러니까 춤이라는 맥락에서는 '모든 것이 춤이 된다'는 명제를 실천하고 나니, 예술가들은 다시 극장으로 돌아와 춤을 추기 시작했다. '컨템퍼러리댄스'다.

컨템퍼러리댄스의 가장 큰 특징은 바로 특징이 없다는 것이다. 현재 진행 중이기에 아직 뚜렷한 특징을 꼽을 수 없거니와, 춤의 외연이 한껏 넓어진 상태에서 갖는, 전체를 아우르는 시대정신이나 의제 따위 없기 때문이다. 여러 양식이 공존한다는 점, 더 중요하게는 그중 어느 것도 다른 것보다 권위를 지니지 않는다는 점이 특징이라면 특징이다. 여러 장르의 춤들이 섞이면서 장르 구분이 불가능한 춤들도 생겨났다. 무용수들은 여러 장르의 훈련법을 받아들여 자기만의 움직임과 접근법을 만들어 나갔다. 무용 내의 장르는 물론 미술, 건축, 디자인, 미디어 등 다른 장르와 섞이는 다원적인 예술로도 발현되었다. 따라서 각 장르의 고유성을 지키기보다는 서로 공유하고 있는 개념을 중심으로, 다매체적으로 구현된다고 할 수 있다.

컨템퍼러리댄스 중에서도 지난 시대에서 볼 수 없었던, 완전히 새로운 움직임을 넘어 아예 신체의 움직임 자체를 내세우지 않는 춤들이 있다. 프랑스의 농당스(non-danse)를 중심으로 한 유럽 컨템퍼러리댄스다. 모던댄스를 늦게 받아들인 프랑스에서는 춤을 '몸의 움직임'으로 보는 기존 시각에 질문을 던짐으로써 춤의 개념을 확장시켰다. 그러니까 춤이 꼭 몸을 쉴 새 없이 움직여야 하는 것이 아니라 다양한 방법으로 개념을 구현하는 작업이라는 것이다. 이는 설치된 오브제나 공간, 혹은 관객이 움직이는 방식으로 움직임을 만들어 가기도 한다.

일본의 무용비평가 노리코시 다카오는 컨템퍼러리댄스를 "지금 두근두근하는 댄스"라 정의했다. 멋진 말이다. 언제 만들어졌건 어떤 계통이건 지금 내게 다가오는 춤이면 된다. 이제 여러분이 공연장에서 보는 모든 춤은 동시대의 춤, 컨템퍼러리댄스다.

살아 있는 춤은 대견하다

별을 올려다본다. 별의 반짝임은 몇 광년 떨어진 곳으로부터 출발해 이제야 지구에 도착한 것이다. 그러자 동그랗고 단단해 보이던 별이 이미 변해 버린, 어쩌면 소멸된 행성의 흔적처럼 흐려 보인다. 사람의 몸도 체세포가 끊임없이 죽고 다시 생겨나서 몇 년 후면 완전히 새로운 사람으로 바뀐다고 한다. 사람도 그럴진대 춤의 본질을 쉬이 말할 수 있을까.

춤은 붙잡을 수 없다. 춤추고 있는 동안엔 명징하지만 멈추는 순간 형체 없이 사라진다. 사람이 추어야만 비로소 존재하고 몸에서 몸으로 전해진다. 마치 숙주를 옮겨 타며 생존하는 기생충 같다. 허나 사람은 믿을 수 없는 숙주다. 어제의 공연과 오늘의 공연이 다르고, 이 사람과 저 사람의 춤이 다르며, 몇 달 후와 몇 년 후의 작품이 달라질 수밖에 없다. 하나의 춤이라 해도 금세 여러 해석이 난무하고 깜빡하는 사이에 사라지기 일쑤다.

자본의 논리로 볼 때 만들자마자 사라지는 춤처럼 허무하고 사치스러운 행위는 없을 터이다. 아무리 붙잡아 보아도 손가락 사이로 빠져나가는 춤은 지식과 예술의 시스템을 교란시킨다. 논의할 작품이 사라졌는데 어떻게 예술적 가치를 인정할 수 있겠는가. 개개인의 몸에 따라 달라지는 춤에서 하나의 원본을 말할 수 있는가. 춤추던 몸이 사라지고 나면 춤은 어디로 가는가. 예술춤이 나름의 역사와 체계를 구축하며 발전했어도 사회적 존재감이 뚜렷하지 않았던 이유는 춤에 내재된 딜레마 때문이다.

들어가는 말

춤이 사라지는 건 자연스럽다. 이것이 자연스럽지 않은 문제로 인식된 것은 하나의 장르로서 자의식이 생성되면서부터다. 춤이 사라지는 것이 당연하던 시절에서 춤을 기록하고 보존하는 게 당연한 시절이 되었다. 제 아무리 춤을 잘 추는 무용수나 기억력이 좋은 안무가라 할지라도 세월의 흐름을 이길 순 없는 법. 그래서 춤의 역사는 춤 기록법의 역사이기도 하다. 글을 통해, 그림을 통해, 기호를 통해, 말을 통해 춤은 다음 세대로 이어져 왔다. 어느 것 하나 완벽하지는 않다. 아니, 완벽한 기록이란 논리적으로 불가능하다. 각 체계마다 중요하게 생각하는 정보와 이를 구현하는 방법이 다르고, 이 과정에서 탈락되는 정보가 생기기 때문이다. 그래서 춤의 생사는 불완전한 기록과 우연의 연금술로 결정되었다. 이십세기 중반까지 예술춤의 역사는 드라마틱한 스토리로 가득했다. 사라진 줄로만 알았던 안나 파블로바(Anna Pavlova)가 춤춘 「빈사의 백조(La Mort du cygne)」 필름이 이차대전 후 프랑스의 한 건물 지하실에서 발견되었다는 일화[7]처럼 말이다.

춤 보존의 모드가 우연에서 필연으로, 선택에서 의무로 넘어간 것은 이십세기 중후반이다. 여기엔 몇 가지 계기가 있었다. 우선 모던댄스의 속성 때문이다. 발레의 경우는 스토리라인이 확실한 대본과 정해진 동작의 명칭, 체계가 있으며 대개 예측 가능한 틀 안에서 구성되기에 그나마 안정적으로 보존되었다. 1917년 러시아혁명이 발발하자 황실러시아발레단의 레지쇠르(régisseur)[8]였던 니콜라이 세르게예프(Nikolay Sergeev)는 자신이 기록한 무보(舞譜)를 들고 유럽으로 망명해 고전발레 레퍼토리를 재현해냈다. 종이 뭉치로부터 전막 발레를 구현할 수 있을 정도로 발레가 양식화되었기 때문이다.

하지만 모던댄스는 무용가마다 제각각의 움직임 논리와 스타일을 지녔기에 기존의 기록법으로 감당하기 어려웠다. 그렇기에 안무가의 사망은 춤의 존속에 치명적이었다. 그 누구도 안무가만큼 그 작품을 속속들이 파악하고 있지는 않기 때문이다. 아무리 무보, 영상 기록, 인터뷰, 스케치로 무장하더라도 춤의 기억은 서서히 부식되고 풍화된다. 사람이 살지 않는 집이 급속도로 망가지는 것과 같은 이치다. 미국 모던댄스 일세대들이 하나둘 세상을 뜨면서, 1980년대 에이즈의 창궐로 한창 활동하던 젊은 세대 안무가들이 대거 사망하면서, 모던댄스는 급격히 노화했다.

두번째는 예술의 자본화 때문이다. 예술작품이 예술가의 지적 재산이라는 생각이 보편화하면서 안무가 사후에 이 재산을 누가 어떻게 차지할 것인가를 둘러싼 법적 공방이 늘어났다. 대표적인 사례로는 안무가가 말년에 만난 연인에게 저작권을 넘겨주는 바람에 안무가와 동고동락해 온 무용단이 갑자기 춤 작품을 출 수 없게 되거나(마사 그레이엄), 안무가가 제자와 동료에게 저작권을 '선물'로 고루 나눠 주는 바람에 매우 복잡한 구도로 쪼개진 경우(조지 발란신, George Balanchine)가 있다.

그리하여 춤의 보존과 활용은 더 이상 우연의 드라마가 아닌 철저하고 정교한 체계를 갖게 되었다. 무용단들은 앞다투어 '재산'을 정리하고 매뉴얼을 마련하는 추세다. 미국 발레의 아버지라 불리는 조지 발란신의 경우, 사망 후 발란신재단과 발란신트러스트(위탁 사업체)가 설립되어 그의 유산, 즉 안무를 철저히 지키고 있다. 그가 만든 모든 작품을 정리하고, 무보로 기록하고, 영상으로 남기고, 그와 춤추었던 무용수들의 경험까지도 아카이브로 남기고 있다. 이는 움직임에 대한 객관적인 기록을 넘어 무용수의 주관적인 경험까지도 보존하려는 열망을 드러낸다. 한편 구십 세까지 장수했던 미국 현대무용가 머스 커닝햄이 사망하자, 그의 무용단은 해체되었으나 그의 작품을 재현할 수 있는 정보를 담은 '댄스 캡슐(Dance Capsule)'이 만들어졌다. 현실적인 차원에서 춤의 레시피를 정리함으로써 만반의 준비를 갖춘 셈이다.

각각의 춤은 하나의 도서관이고, 이 도서관은 불씨를 안고 있다. 서서히 타들어 가거나 한꺼번에 불길에 휩싸이든지 간에. 그러나 설령 불탄다고 해서 소멸되는 것은 아니다. 단 몇 회의 공연 후 사라져 버린 니진스키의 「봄의 제전」이 끈질긴 연구 끝에 무대 위에 근사치로 구현되었을 때, 필멸의 순리는 깨졌다. 이제 무용 연구자들은 호박에 갇힌 모기의 피에서 공룡을 되살리는 과학자처럼 죽은 춤을 척척 살려낸다.

오늘날의 춤은 쉬이 살아남는다. 스마트폰으로 손쉽게 찍은 영상이 인터넷에 넘쳐나는 세상 아닌가. 그러나 살아남았다고 해서 반드시 살아 있는 것은 아니다. 살아남았으되 살아 있지 않은 춤은 어떤 것일까? 초연에, 특정 버전에, 특정 이의 해석에 고착된 춤이 그러할 것이다.

우리는 작품의 원본을 소중히 보호하고 안무가의 의도나 당시 무용수의 해석을 존중하려 노력한다. 하지만 이를 오늘날 춤의 절대적인 잣대로 삼고 고집하다 보면 안무가나 무용수가 새롭게 만들고 해석할 여지가 좁아진다. 문제는 안무 기록이 쉬워지면서 원작에 대한 지식의 양이 폭발적으로 증가했다는 점이다. 이젠 안무뿐 아니라 그 너머의 많은 것, 그러니까 움직임의 섬세한 질감과 에너지, 춤추는 사람이 느끼는 감각과 경험, 춤에 담긴 의미와 뉘앙스까지도 지식이 되었다. '원작을 존중한다'는 잣대가 갈수록 높아지다 보니 오늘날의 안무가나 무용수는 원작의 무게에 어깨가 짓눌린 채 무대에 올라야 한다. 그 속에서 주체적이고 능동적으로 자신의 목소리를 내기란 쉽지 않다.

춤은 변하는 존재다. 계속해서 변할 수밖에 없는 존재를 특정 순간에 애써 붙잡아 두는 건 괴이하다. 방부제를 과다하게 넣어 썩지 않는 빵처럼, 주름 하나 없이 팽팽한 노인의 피부처럼, 보조 장치를 주렁주렁 달아 수명을 연장시킨 사람처럼 말이다. 퍼포먼스 이론가 페기 펠란(Peggy Phelan)은 퍼포먼스를 보존해 봤자 '꾸며놓은 시체(illustrated corpse)'를 붙드는 꼴이라고 과격하게 말했다. 우린 위대한 안무가의 유산을 보존한다는 명목으로 춤이 아니라 시체를 애써 부여잡고 있는 건 아닐까.

춤은 '지금 여기서' 춤추는 이가 주인이 되어 출 때 비로소 살아 있다. 살아 있는 춤은 그래서 애틋하다. 내 눈앞에서 펼쳐지는 춤이 백 년 전 그 작품의 모습과 꼭 같은지는 부차적인 문제다. 지금 여기에서 생생하게 살아 있는지가 더 중요하다. 춤은 출 때마다 새롭게 살아난다. 꼭 동일한 작품으로 남을 필요도 없다. 작품의 작은 요소가 낯선 맥락에 이식되어 색다르게 자라날 수도 있다. 조각난 기록 위에 상상이 더해지든, 다른 예술가에 영감을 주어 새로운 작품으로 이어지든 간에, 언제나 새롭게 추어지는 춤은 대견하고 장하다.

적자를 뛰어넘은 사생아

필리포 탈리오니의 「라 실피드」

나는 파리의 「라 실피드」를 딱 한 번 봤다. (…) 이 발레가 맘에 들었지만 나의 버전을 만든다면 더 나을 것이라 느꼈다. 게다가 음악도 〔코펜하겐에 가져오기엔〕 너무 비쌌고 프랑스 버전의 제임스는 단지 '프리마돈나'를 위한 발판에 불과했다! 이 작품의 아름답고도 시적인 사상은 허상의 행복을 추구하다가 진짜 행복을 잃는다는 것이다. 이 절대적으로 뛰어나고 시적인 사상을 프랑스 버전에선 찾아볼 수 없다. 왜냐하면 여성 무용수의 기량을 감상하느라 바쁘니까 말이다.[9]
— 오귀스트 부르농빌

결혼식 전야에 약혼한 사이인 남녀가 춤추는데 요정이 나타나 끼어든다. 요정은 남자의 눈에만 아른거리며 그의 주변에서 서성거린다. 남자는 자신을 신뢰하는 약혼녀에게 충실하고 싶지만 어쩐지 자꾸만 요정에게 눈길이 간다. 가족과 친구들의 축복 속에서 혼약하는 남녀의 춤은 양다리 걸치는 남자를 적나라하게 고발하는 증거가 된다. 어둠이 깔린 공간 속 아슬아슬하게 전개되는 삼인무를 비추는 스포트라이트는 남자의 흔들리는 내면을 훔쳐보는 듯 위태롭다. 마치 스리디(3D) 안경을 들썩이며 특수효과와 맨눈을 비교할 때처럼 관객은 내면의 시선을 조정해 이 삼인무를 요정과 남자, 약혼녀와 남자, 혹은 요정과 약혼녀와 남자의 춤으로 선택해 바라본다. 「라 실피드」의 1막 중 '어둠의 삼인무'다.

가질 수 없는 것에 대한 갈망

「라 실피드(La Sylphide)」(1832)는 아돌프 누리(Adolphe Nourrit)의 대본, 장 마들렌 슈나이츠회퍼(Jean-Madeleine Schneitzhoeffer)의 작곡, 필리포 탈리오니(Filippo Taglioni, 1777–1871)의 안무로 1832년 5월 14일 파리 오페라극장에서 초연되었다. 오페라 가수였던 누리의 대본은 당시 유행을 발 빠르게 받아들인 결과물이었다. 그는 한 해 전 초연된 자코모 마이어베어(Giacomo Meyerbeer)의 오페라 「악마 로베르(Robert le diable)」에서 주역을 맡았는데, 이 작품은 5막 중 3막인 '수녀의 밤', 즉 달빛 아래 공동묘지에서 수녀들이 춤추는 장면이 큰 인기를 끌었다. 공동묘지, 달밤, 흰 옷을 입은 수녀들, 안개 낀 숲속. 괴테와 하인리히 하이네를 즐겨 읽던 파리지앵들은 눈앞에 구현된 으스스하고도 환상적인 장면에 매료되었다. 「악마 로베르」가 인기를 끌자, 누리는 스코틀랜드를 배경으로 남자 요정이 시골 여성을 유혹한다는 샤를 노디에의 소설 『트릴비, 혹은 아가일의 요정(Trilby ou le lutin d'Argail)』을 떠올렸고, 「악마 로베르」에서 원장 수녀 역할로 인기를 끈 발레리나 마리 탈리오니(Marie Taglioni)를 주인공으로 내세워 여자 요정이 인간 남자를 유혹하는 내용의 발레로 바꾸었다. '인간을 유혹하는 신비로운 존재'라는 모티프를 이어받은 「라 실피드」는 낭만주의의 충동과 정서를 완벽히 담아낸 작품이 되었다.

요정이든 아니든, 남녀의 사랑에 대한 이야기는 새롭지 않다.

배우자 혹은 약혼자를 두고 한눈파는 이야기는 그리스 로마 신화에서도 허다하지 않던가. 그러나 중요한 건 바람피우는 이야기를 하기 위해 신화를 빌려 오지 않아도 된다는 점이다. 신과 영웅이 아니라 평범하고 흠결있는 인간이 주인공으로 등장한 점이 낭만발레의 혁명적인 요소다. 이에 관해 낭만주의의 주요 인물이자 발레비평가였던 테오필 고티에(Théophile Gautier)는 이렇게 말했다. "「라 실피드」 이후 「불카누스의 그물(Les filets de Vulcain)」[10]이나 「플로르와 제피르(Flore et Zéphire)」[11]는 불가능해졌다." 이제 고대의 신들은 사라졌다. 대신 요정 페리와 엘프, 실프(공기의 정령), 살라만더(불의 정령), 운디네(물의 정령), 놈(땅의 정령)이 북적거린다. 단순히 신이 요정으로 대체된 것도 아니다. 낭만발레는 요정들만의 세상을 묘사한 게 아니라 그들과 인간이 만났을 때 비로소 펼쳐지는 이야기다.

　「라 실피드」는 스코틀랜드를 배경으로 펼쳐지는 2막 발레이다. 막이 오르면 난롯가 옆 안락의자에 제임스가 잠들어 있고 그 곁에 요정 실피드가 앉아 있다. 실피드는 제임스 주위를 맴돌며 춤추지만 제임스가 깨어나 다가가면 사라진다. 가족들이 모여 제임스와 약혼녀 에피의 예식을 준비하는 동안 실피드가 끼어들어 제임스를 유혹하다가 제임스가 에피의 손가락에 끼우려는 반지를 낚아채 밖으로 날아간다. 혼란에 빠진 제임스는 약혼녀와 하객들을 버리고 실피드를 쫓아간다.

　2막은 안개가 가득한 실피드의 숲이다. 제임스는 실피드를 잡으려 하지만 번번이 실패한다. 약이 오른 제임스는 마녀 매지를 찾아가 실피드를 잡을 방법을 요청하고 매지가 건넨 스카프로 실피드를 잡는다. 그러나 실피드는 날개가 떨어져 죽어 버리고 다른 실프들이 실피드를 데리고 날아간다. 어둠 속에서 바라보던 매지가 킬킬

1832년 파리 오페라극장에서 초연된 필리포 탈리오니 안무의 「라 실피드」 오프닝 장면. 주인공 제임스 역은
아들 폴 탈리오니가, 그를 유혹하는 실피드 역은 딸 마리 탈리오니가 맡았다. 화가 레폴(F. G. Lépaulle)이
파리 오페라 감독인 베롱(L. D. Véron) 박사에게 헌정한 그림(메조틴트 판화본). 1834-1835.

거리고, 제임스는 에피가 그녀를 흠모하던 마을 청년 건과 결혼하는 것을 목격한다. 에피와 실피드를 모두 잃은 제임스는 좌절한다.

「라 실피드」는 낭만발레의 대표작이다. 「라 실피드」가 초연된 1832년은 1789년의 프랑스대혁명 후 또 한 번의 대혼란인 칠월혁명을 겪은 시기였다. 불안정한 정세 속에서 프랑스인들은 안정적인 현실보다 불가능한 이상을 갈망하고, 예견된 실패를 알면서도 자기파괴에 끌리는 등, 모순적이고 양가적인 태도를 지니게 되었다. 「라 실피드」는 인간과 초자연, 이상과 현실 사이에서 흔들리는 낭만주의적 인간상을 담고 있다.

좀더 현실적인 차원에서 보자면 「라 실피드」는 누구와 결혼해야 할 것인가에 대한 서사이다. 에피와 실피드의 이분법은 결혼에 대한 교훈, 즉 동족과의 결혼이 건전하고 안정적이되 지루하지만 다른 종과의 결혼은 매혹적이되 위험하고 비극적이라는 교훈을 담고 있다. 누구를 위한 교훈인가? 제임스다. 그는 가족과 친구들이 모두 모인 자리에서 약혼녀를 버리고 다른 여자를 쫓아간다. 완전한 막장 드라마의 설정이다. 그러나 어이없게도 관객은 에피를 흠모하던 청년 건보다 약혼녀를 버린 제임스에게 감정이입하고 공감하게 된다. 이를 설명하려면 실피드는 한 낭만적 인간이 자기파괴적인 선택을 할 수밖에 없을 만큼 매력적인 존재여야 한다. 주인공을 파멸에 이르게 하는 팜므 파탈, 그러나 동시에 아이처럼 순수하고도 경이로운 존재인 실피드라는 캐릭터를 설득시킨 것은 안무가 필리포 탈리오니의 딸이자 주역 발레리나였던 마리 탈리오니의 힘이었다.

미운 오리 새끼 아이돌 만들기

십구세기의 발레는 예인(藝人)의 가업이었다. 발레가 귀족들의 취미에서 전문적인 무용수의 직업으로 바뀐 후, 무용가 집안의 자손들은 국적에 얽매이지 않고 전문직의 연결망 속에서 유럽의 여러 극장과 무용단을 옮겨 다니며 활동했다. 탈리오니 가문 역시 십팔세기 말부터 무려 사 대에 걸쳐 유럽 전역에서 활동했던 이탈리아의 무용가 집안이다. 그중에서도 필리포 탈리오니와 그의 딸 마리 탈리오니는 유럽, 러시아, 미국까지 진출하며 낭만발레를 대표하는 무용가 부녀가 되었다.

필리포 탈리오니는 파리와 밀라노에서 피에르 가르델(Pierre Gardel), 오귀스트 베스트리스(Auguste Vestris) 등 당대의 최고 마스터에게 무용을 배웠으며 스웨덴에서 발레단의 훈련 교사 겸 안무가인 발레마스터로 임명되어 그곳의 프리마돈나와 결혼했다. 이후 그가 오스트리아, 독일 등에서 활동하는 동안 딸 마리는 어머니와 함께 스웨덴에서 지내며 발레를 배웠다. 마리가 처음부터 무용수로서 두각을 드러낸 것은 아니었다. 구부러진 어깨와 비쩍 마른 다리 때문에 흉하고 기형적이라고 평가될 정도였고 테크닉 역시 약했다. 오스트리아 빈에 정착한 필리포가 마리를 데뷔시키려고 데려왔을 때 오랜만에 만난 딸은 기대 이하였다.

아버지 밑에서 마리는 육 개월간 집중적인 훈련을 받았다. 오전 두 시간은 한 다리씩 번갈아 가며 하는 반복연습을, 오후 두 시간은 고대 그리스 조각상의 포즈를 모방하는 아다지오 움직임과 조화로운 포즈 취하기를, 그리고 잠들기 전 두 시간은 점프 연습만 했다. 흐느적거리던 무용수가 강철 같은 테크니션으로 거듭났다. 연습의 하이라이트는 토 댄싱(toe dancing), 말 그대로 발끝으로 서는 기술을 마스터하는 것이었다. 당시 이탈리아 무용수들이 발끝으로 서서 몇 초간 머무는 묘기를 과시하곤 했는데, 마리는 이 노골적인 곡예를 좀더 우아하고 세련되게 정제했다. 공단으로 만들어진 당시 슈즈

마리 탈리오니의 영국 무대 은퇴를 기념해 제작된 초상화.
꿈꾸는 듯 기울어진 상체와 유독 날렵한 발끝으로 묘사된
마리 탈리오니는 마치 초자연적인 존재처럼 보인다.
샬론(A. E. Chalon) 그림(석판 인쇄본). 1845.

는 앞코와 밑창을 단단하게 잡은 지금의 포인트슈즈와는 달리 부드러웠다.[12] 그럼에도 마리는 얼굴을 찡그리지 않고 우아하게 날아오르는 듯 움직였다. 그녀가 동시대의 발레리나보다 월등했던 점은 요정같이 가볍게, 우아하게, 그러면서도 정숙하게 움직이는 것, 게다가 이 모든 것을 전혀 힘들지 않게 해내는 것이었다. 이렇게 움직이는 것은 당시에는 낯선 방식이었다. 사람들은 그 움직임을 '탈리오니제(taglionizer)'라는 동사로 표현했다.

마리가 미운 오리 새끼에서 백조로 환골탈태할 수 있던 것은 딸의 장점을 발굴해내고 그 장점이 돋보일 수 있는 작품을 만들어 준 아버지 필리포 덕분이었다. 필리포는 「악마 로베르」 「라 실피드」 「하렘의 반란(La révolte au sérail)」 「다뉴브의 딸(La fille du Danube)」 등 여러 작품에서 마리를 주역으로 세웠다. 또한 「라 실피드」에선 공기 중에 떠 있는 듯한 포즈, 소리 내지 않고 발끝으로 이동하기, 한 다리를 높이 들어 올리는 데블로페(developpé) 동작 등을 오직 마리만 해낼 수 있도록 훈련시키고 그녀에게만 기회를 주었다. 오늘날의 잣대로는 발레단의 안무가가 그다지 인정받지 못하던 자신의 딸을 주역으로 캐스팅한다면 공정하지 못하다는 비판을 받을 터이다. 그러나 당시에 발레는 예술가 집안의 이른바 '패밀리 비즈니스'를 존중했기에 오히려 탈리오니 부녀

적자를 뛰어넘은 사생아

의 명성은 높아져 갔다.

　무용수의 특성에 걸맞은 작품을 만들고 이에 맞춰 맹훈련을 시켜 데뷔시킨 필리포의 전략은 흡사 아이돌 기획사를 연상케 한다. 마리 탈리오니는 철저히 의도대로 만들어진 상품이었고, 이는 공전의 히트작이 되었다.

요정발레의 표본

마리 탈리오니의 '실피드'는 오늘날 우리가 아는 발레의 시발점이 되었다. 여기서 우리가 아는 발레란 아름다운 여성이 튀튀 차림에 토슈즈를 신고 사뿐히 뛰어오르는 이미지다. 불과 한 세기 전, 절대왕권 시절의 발레가 귀족 남성이 거추장스러운 가면과 가발, 예복을 갖추고 행하던 궁정 예법에 그쳤다면, 「라 실피드」의 인기는 발레의 모습을 단숨에 바꾸어 놓았다. 화가 라미(E. Lami)가 마리 탈리오니를 위해 얇은 모슬린 천을 겹쳐 만든 튀튀는 이후 발레의 상징이 되었다. 낭만발레의 후속작인 「지젤」이나 「파 드 카트르(Pas de Quatre)」도, 고전발레의 「백조의 호수」나 「라 바야데르(La Bayadère)」도, 포킨의 「쇼피니아나(Chopiniana)」와 「레 실피드(Les Sylphides)」도 모두 이 여성화된 발레블랑(ballet blanc, 흰 튀튀를 입고 추는 발레)의 유전자를 공유한다. 유명한 발레연구가인 아이버 게스트(Ivor Guest)가 「라 실피드」를 '발레블랑의 원형'이라 칭할 정도다. 심지어는 오늘날의 무대 밖에서도 발레리나 플랫슈즈나 튀튀 패션이 꾸준히 유행하니 「라 실피드」는 그만큼 강력한 유전자를 가졌다고 할 수 있다.

　「라 실피드」의 인기로 마리는 단숨에 국제적인 스타가 되었다. 러시아에서는 그녀의 토슈즈가 당시 가치로는 꽤 높은 이백 루블에

경매되어 발레 마니아들이 이를 요리해서 먹었다는 일화도 있다. 그녀의 이름을 딴 케이크와 헤어스타일, 향기가 나는 종이에 인쇄한 패션잡지도 있었다. 또한 동판화가 유행하면서 마리 탈리오니의 이미지는 전 세계로 빠르게 퍼져 나갔다. 그녀는 무대 위에서나 아래에서나 튀튀를 입고 다녔고, 파리 여성들은 허리에 커다란 리본을 매어 요정의 날개를 흉내냈다. 파리지앵은 마리 탈리오니를 '우리의 사랑스러운 실피드'라 불렀다. 마리 탈리오니는 요정이었고 연예인이었고 우상이었다.

덴마크에 이식된 씨앗

「라 실피드」는 1832년 초연 이후 파리에서만 백사십육 회 공연되었고, 런던 코벤트가든 로열극장(1832),[13] 베를린 오페라극장(1832), 상트페테르부르크 제국극장(1837), 밀라노 라스칼라극장(1841)에 진출하며 세계적으로 대단한 성공을 거두었다. 이에 힘입어 탈리오니 부녀는 1837년부터 1842년까지 매년 상트페테르부르크에서 시즌 공연을 이끌었다. 그러던 와중 이와는 별개로 「라 실피드」의 사생아가 발생했다. 안무가 오귀스트 부르농빌(August Bournonville)이 탈리오니 작품의 대본을 토대로 자신의 버전을 만든 것이다.

　부르농빌 역시 탈리오니처럼 무용가 집안 출신이다. 프랑스 무용가인 아버지에게서 태어난 덴마크 출신의 부르농빌은 파리오페라발레단에 들어가 마리 탈리오니의 파트너로 춤추기도 했다. 1829년 덴마크로 돌아간 그는 덴마크왕립발레단의 주역 무용수이자 안무가, 발레마스터가 되었다. 1834년 5월 부르농빌은 파리에 와서 「라 실피드」를 관람했다. 그는 이 작품을 덴마크에서 올릴 생각이었기에 총애하던 발레리나 루실 그란(Lucile Grahn)까지 데리고 갔다.

　　　　　　　　　　　적자를 뛰어넘은 사생아

「라 실피드」는 크게 '누구와 결혼할 것인가'에 대한 이야기다. 부르농빌 버전의 이 작품에서
약혼식을 앞두고 잠든 제임스에게 반한 실피드(위)와 점쟁이 매지로부터 약혼자 제임스가
아닌 건과 결혼한다는 예언을 듣는 에피(아래). 덴마크왕립발레단. 2011.

42

그런데 원작의 악보를 구매하려 했으나 너무 비싸서 포기할 수밖에 없었다. 대신 파리를 떠나기 전날, 단돈 이 프랑 십 센트에 누리의 대본 한 부를 구매했다. 덴마크로 돌아온 그는 스무 살의 젊은 작곡가 헤르만 세베린 뢰벤시올(Herman Severin Løvenskiold)에게 새롭게 작곡을 맡겼다. 1836년 11월 28일 덴마크 왕립극장에서 초연된 부르농빌의 「라 실피드」에서 부르농빌이 직접 제임스 역을, 루실 그란이 실피드 역을 맡았다.

마치 문익점이 붓두껍에 목화씨를 숨겨 왔다는 이야기처럼 탈리오니의 「라 실피드」는 대본 한 권을 통해 프랑스에서 덴마크로 이식되었다. 물론 부르농빌의 「라 실피드」는 탈리오니의 「라 실피드」와는 별개의 작품이다. 한 번의 공연 관람과 짧은 대본으로 작품을 똑같이 재현하기란 불가능한 데다 음악마저 완전히 새롭게 작곡했으니 말이다. 그럼에도 원작의 설정을 그대로 살렸기에 부르농빌의 「라 실피드」는 초연 당시부터 탈리오니의 짝퉁, 혹은 표절작으로 여겨졌다. 문익점의 씨앗이 그랬듯 「라 실피드」 역시 지금의 기준에선 윤리적 문제가 제기되고 국제적 분쟁과 소송이 야기되었을 것이다. 그러나 문익점이 우리의 서사에서 위인으로 추앙되듯 부르농빌 역시 덴마크 발레의 영웅으로 자리매김했다.

부르농빌 버전의 초연에서 실피드 역을 맡았던 루실 그란은 '북유럽의 실피드'라 불렸다. 하지만 부르농빌의 「라 실피드」는 그란을 위한 발레라기보다는 제임스 역을 맡은 자신을 위한 발레였다. 이에 실망한 그란이 탈리오니의 버전을 춤추고 싶어 덴마크를 떠났을 정도였다.(그란은 1839년 파리 오페라극장에서 탈리오니의 「라 실피드」를 처음 추었다.) 뛰어난 테크니션이던 부르농빌은 발레 메소드[14]에서 한 유파를 형성할 정도로 낮고 빠른 점프와 정교하게 발을 부딪치는 동작들을 다양하게 개발하고 활용한 것으로 유명하다. 그

　　　　　　　　　　　　　적자를 뛰어넘은 사생아

는 실피드에 가려진 제임스의 역할을 강조하기 위해 마임을 강화하고 다양한 동작을 활용하는 춤을 더했다.

게다가 부르농빌은 탈리오니의 「라 실피드」에 스며 있는 현실 도피적이고 자기파괴적인 인간상을 맘에 들어 하지 않았다. 탈리오니가 이성적 판단으론 억누를 수 없는 인간의 감정과 충동을 인정했다면, 부르농빌은 허황된 꿈을 좇다가 패가망신하지 말고 현실의 행복에 충실하자는 교훈을 담고자 했다. 같은 내용이지만 정반대의 입장이라 할 수 있다. 부르농빌은 탈리오니의 버전이 여성 무용수의 매력을 강조한 나머지 미덕을 잃어버렸다고 판단했고 자신의 버전에선 소박하고 건전한 공동체의 소중함을 강조하는, 북유럽적 가치를 불어넣고자 했다. 이에 하일랜드 플링(highland fling)이라는 스코틀랜드 민속춤을 반영한 군무를 1막의 클라이맥스에 놓았다. 제임스와 에피는 이렇다 할 이인무를 추는 대신 군무에 합류한다. 흥겨운 춤이 한바탕 벌어지는 동안 실피드가 언뜻언뜻 나타나고 여기에 정신 팔린 제임스가 자꾸 열에서 이탈하거나 이층으로 올라가 버리곤 해서 에피가 언짢아한다. 개인의 심리나 남녀의 애정보다도 공동체 속 역할이 중요함을 강조하는 부르농빌의 세계관이 덧입혀졌음을 알 수 있다. 「라 실피드」가 휘게(hygge)[15]로 거듭났다.

탈리오니 대 부르농빌

안무가 필리포 탈리오니는 당시 국제적인 명성을 떨치던 안무가였고, 부르농빌은 발레의 변방 덴마크에서만 활동하던 소위 '듣보잡' 안무가였다. 또한 탈리오니의 「라 실피드」는 초연 직후 유럽 전역과 미국, 러시아까지도 공연되었던 화제작이었고, 부르농빌의 「라 실피드」는 그의 생전엔 덴마크 밖에서 추어진 적이 없었다. 두 인물과 작품의 위상은 격차가 상당했다.

그런데 시간이 흐르면서 탈리오니와 부르농빌의 처지가 뒤바뀌었다. 탈리오니의 「라 실피드」는 1860년쯤 파리오페라발레단의 레퍼토리에서 사라졌고 러시아에서는 이십세기 초까지 추어졌으나 결국 소실되었다. 반면 부르농빌 버전은 다른 유럽 국가들과는 동떨어진 채 단단하게 결속된 덴마크왕립발레단의 전통 속에서 꾸준히 공연되며 거의 변형되지 않고 계승되었다. 그 결과, 오늘날 부르농빌의 「라 실피드」는 발레 역사에서 가장 오래된 작품 중 하나로 군림하며 전 세계에서 추어지는 「라 실피드」의 안무적 토대가 되었다. 사생아가 적자를 뛰어넘은 것이다. 나아가 탈리오니는 「라 실피드」뿐 아니라 그의 모든 작품이 소실된 채 '마리 탈리오니의 아빠', 그러니까 '잘난 딸 덕에 역사에 남은 아빠' 정도로 기억되는 처지다. 반면 부르농빌은 작품과 테크닉이 보존되어 십구세기 발레의 주요 안무가로 추앙받고 있다.

탈리오니가 자신과 부르농빌의 뒤바뀐 처지를 보았다면 통탄할 일이다. 그런데 과연 그랬을까? 탈리오니 역시 표절로 입방아에 올랐었다는 점이 떠오르면서 사건은 반전된다. 탈리오니와 같은 시대에 활동했던 안무가 루이 앙리(Louis Henry)의 부인과 여동생은 탈리오니가 1828년 이탈리아의 라스칼라극장에서 초연된 앙리의 작품 「라 실피데(La Silfide)」를 표절했다고 주장했다.[16] 당시는 안무의 저작권이나 지적재산권에 대한 개념이 희박했던 데다 비슷한 설정과 동작을 서로 빌리는 관습이 만연했음을 인정하자. 그럼에도 앙리의 작품과 제목부터 같았다는 점에서 탈리오니 역시 부르농빌을 맘껏 비난할 처지는 못 되었다.

적자를 뛰어넘은 사생아

이제 「라 실피드」를 공연하려는 발레단의 입장이 되어 보자. 탈리오니의 원본은 사라졌고, 부르농빌의 스핀오프는 잘 보존되었다. 그렇다면 사라진 원본의 정통을 추구할 것인가, 아니면 안정적으로 이어져 온 전통을 따를 것인가? 이상 대 현실, 명분 대 실리의 문제다. 대부분의 발레단은 실리를 추구했다. 램버트발레단(엘사 마리안 폰 로젠, Elsa-Marianne von Rosen, 1960), 캐나다국립발레단(에릭 브룬, Erik Bruhn, 1964), 아메리칸발레시어터(하랄 랜더, Harald Lander, 1964), 스코틀랜드발레단(한스 브레노, Hans Brenaa, 1973), 잉글리쉬내셔널발레단(페테르 샤우푸스, Peter Schauffuss, 1979) 등은 덴마크왕립발레단의 버전을 기반으로 재구성했다. 부르농빌-뢰벤시올의 버전이 주류가 된 것이다.

그런데 드물게 탈리오니-슈나이츠회퍼 버전을 실험한 경우도 있다. 1892년 마리우스 프티파가 황실러시아발레단에서 탈리오니 버전을 복구한 적 있었고(현재는 소실되었다) 이십세기 들어서는 1946년에 샹젤리제발레단에서 빅토르 그소브스키(Victor Gsovsky)가, 뒤이어 1972년에 파리오페라발레단에서 피에르 라코트가 탈리오니 버전을 실험했다. 모두 프랑스 발레단이라는 점에서 낭만발레 종주국으로서의 명예를 되찾기 위한 노력이었음을 알 수 있다. 그중에서도 파리오페라발레단은 라코트 복원판을 1971년 텔레비전에서 방영한 이후 꾸준히 공연했으며 디브이디로도 발매했다. 이런 부단한 노력 덕분에 탈리오니의 「라 실피드」는 부르농빌 버전의 존재감을 따라잡을 수 있었다.

사실 피에르 라코트는 탈리오니와 부르농빌의 「라 실피드」를 모두 품은 인물이다. 그는 1952년 텔레비전에서 방영된 간략판 부르농빌 「라 실피드」에서 비(非)덴마크인으론 처음으로 덴마크 밖에서 제임스 역을 맡은 무용수였다. 허나 파리오페라발레학교와 발레단을 거쳐 성장한 라코트에겐 탈리오니의 「라 실피드」 역시 자신도 모르는 사이에 그의 춤 안에 퇴적되어 있었다. 그는 탈리오니의 파트너였던 크리스티안 요한손(Christian Johansson)의 제자인 러시아 발레리나 루보프 에고로바(Lubov Egorova)와 파리오페라발레단에서 주역으로 활동했던 이탈리아 발레리나 카를로타 잠벨리(Carlotta Zambelli)에게 가르침을 받았다. 스승들은 자신과 그들의 스승이 몸으로 기억하고 전달해 온 옛 춤의 다양한 움직임과 스타일, 에피소드와 인상들을 라코트에게 전해 주었다. 에고로바는 라코트에게 1막에서 실피드가 등장하는 장면의 시범을 보여줬고, 잠벨리는 에피의 춤과 1막의 스코틀랜드 군무를 가르쳐 주었다. 몸으로 겪어내고 전해 온 지식을 흡수한 라코트는 십구세기 발레 복원 전문가로 거듭났다. 그 시작은 탈리오니의 「라 실피드」였다.

1972년 라코트는 초연 당시의 그림과 동판화들, 탈리오니의 노트, 악보에 휘갈긴 메모, 춤과 음악에 대한 비평문 등의 기록을 참조해 탈리오니 버전을 재연했다. 하지만 남아 있는 자료는 턱없이 부족했기에 작품의 대부분은 '근거있는 상상'을 통해서 메워졌다. 그는 당시의 춤 스타일, 안무가의 다른 작품들, 그리고 십구세기 발레 작품들을 배우고 공연해 오면서 습득한 본능적인 판단에 따라 창작했다. 마치 도자기의 파편 몇 개를 찰흙으로 이어 놓은 유물처럼, 탈리오니의 「라 실피드」는 라코트의 끈질긴 연구와 대담한 상상으로 형체를 다시 갖추었다. 흠집 없이 보존되어 온 도자기 옆에 간신히 이어 붙인 도자기 하나가 나란히 놓였다.

복원된 유물이 늘 환영받는 건 아니다. 먼지 앉은 빛바랜 작품이 주는 위엄에 익숙했던 우리에겐 전문가가 공들여 복원한 시스티

　　　　　　　　　　　　적자를 뛰어넘은 사생아

나 성당 천장화나 알록달록해진 고대 그리스 조각들이 왠지 유치해 보이기 때문이다. 라코트가 재현한 탈리오니 버전 역시 그러했다. 니진스키의 「봄의 제전」처럼 아예 춤이 소실되었으면 재현된 것만으로도 감지덕지했겠으나, 멀쩡한 부르농빌 버전이 버티고 있는 터에 갑자기 등장한 탈리오니 버전이 영 낯설고 미덥지 못한 탓이었다. 후발 상품이 장악해 버린 시장에서 자기 증명을 해야 하는 원조 히트 상품의 신세다.

무용비평가들이 한 목소리로 비판한 부분은 1막의 여성 군무였다. 부르농빌 버전에선 여성 무용수들이 캐릭터 슈즈를 신었으나 라코트 복원판에선 토슈즈를 신고 발끝으로 춤추었기 때문이다. 당시 여성무용수의 테크닉이 앙 푸앵트(en pointe)를 구현할 만큼 높지 않았다며 고증의 충실성을 의심하는 비평가에게 라코트는 공개서한으로 응수했다. 당시 덴마크는 탈리오니 부녀를 포함한 유명 무용수들이 방문하지 않던 변방이었고 파리는 패션과 예술의 수도였으니, 변방의 테크닉을 기준으로 파리의 테크닉을 판단해선 안 된다고 말이다.[17] 부르농빌 「라 실피드」를 기준으로 탈리오니 「라 실피드」를 평가하지 말고, 차라리 십 년 후 파리 오페라에 등장한 「지젤」에 비교하라는 라코트의 코멘트에선 콧대 높은 파리지앵의 울화가 전해져 온다.

라코트 복원판의 백미는 탈리오니의 '어둠의 삼인무'를 복원한 점이다. 탈리오니는 「라 실피드」 초연으로부터 칠 년 후인 1839년에 자신의 다른 작품의 일부를 따온 춤을 1막에 추가했다고 한다. 이 장의 도입부에 묘사한 것처럼 제임스와 실프, 에피가 춤추는 어둠의 삼인무는 현대적인 다중시점을 보여준다. 결혼식이라면 줄곧 밝고 화려하기만 했던 고전발레의 관습과는 다르게, 남녀 주인공이 혼약의 춤을 추는 장면에서 무대가 온통 어둡다. 희미한 폴로 스폿라이트(follow spotlight) 속 주인공들이 간신히 보이지만 모두 붉은 스코틀랜드 의상을 입은 탓에 주변 인물들과 구별하기 어렵다. 대조적으로 순백의 롱 튀튀를 입은 실피드만 형광에 가깝도록 팽창한다. 어느덧 나를 둘러싼 현실이 사라지고 오로지 나에게만 보이는 환상이 펼쳐진다. 애써 맘을 돌리려 해도 자꾸만 빠져드는 환상. 심리적이고 영화적인 연출이다.

세 인물의 미묘한 심리를 다층적으로 묘사하는 춤이라니, 십구세기 춤엔 어울리지 않는 수식어일까. 그러고 보면 십구세기 발레에 대한 우리의 통념은 얄팍하기 그지없다. '그땐 테크닉이 별로였다'며 폄하하기 일쑤다. 물론 당시 무용수들은 지금보다 다리를 낮게 들었고 피루에트(pirouette, 한쪽 다리로 몸의 중심을 잡고 팽이처럼 도는 회전 동작)도 적게 돌았다. 하지만 스몰 점프와 알레그로 동작[18]에선 지금보다 복잡하고 어려우며 섬세한 동작들이 가득했다. 십구세기 발레의 관점에서 본다면 오늘날의 발레 동작이 밋밋하고 단조로워졌다고 할 수 있다. 과거의 발레를 복원하는 이유를 물었을 때 '우리를 겸손하게 해주기 때문'이라고 라코트가 말한 점도 그 때문이리라. 과거는 미래만큼이나 낯설다.

혁신의 명암

파리오페라발레단이 탈리오니의 「라 실피드」를 한 땀 한 땀 복원하고 있는 동안 덴마크왕립발레단은 부르농빌의 「라 실피드」를 전체적으로 싹 갈아엎었다. 그것도 '진골' 부르농빌 무용수인 니콜라이 휴베(Nikolaj Hübbe)의 주도로 말이다. 평생 제임스 역을 수없이 맡아 온 덴마크왕립발레단의 대표 무용수 휴베는 2008년 감독으로 취임한 후 2014년에는 「라 실피드」를 황량하고도 광적인 모습으로 개

　　　　　　　　　　　　적자를 뛰어넘은 사생아

작했다.

발레단이 기존 레퍼토리를 재정비하는 이유는 작품이 오늘날 관객의 취향이나 미감, 관심사와 맞지 않기 때문이다. 문제해결은 늘 어려운 법. 그럴 때는 완만하고 은근한 개정보단 파격적인 혁신이 주목받기 마련이다. 휴베 역시 '사이다 공법'을 택했다. 안무는 그대로 둔 채(휴베는 안무가가 아니라 연출자다) 겉모습을 바꿈으로써 쉽고 빠르게 변화하고자 했다.

휴베는 색채와 디자인을 극도로 단순화했다. 1막은 온통 검은 실내, 2막은 차디찬 백색 큐브이다. 의상 역시 붉은 타탄체크 무늬의 원피스와 킬트 대신 회색조의 청교도풍 의복으로 바뀌었다. 새로 입주한 집의 꽃무늬 벽지부터 철거하는 세입자처럼, 휴베는 무대에서 토속적이고 목가적인 분위기를 죄다 제거했다. 또한 마녀 매지를 남성으로 바꿨다. 매지는 매부리코의 비호감 노파에서 스리피스 양복을 차려입은 멋쟁이 신사가 되었다. '미니멀하고 세련되게!'라고 적힌 플래카드가 휘날리는 듯하다. 전통적인 무대미술을 현대적 미감으로 바꾸고 기존 캐릭터를 새롭게 해석한 휴베의 개혁은 참신해 보여도 실은 오래된 발레 작품 재해석의 기초 공식을 충실히 따른 것이다.

휴베가 연출한 「라 실피드」의 주인공은 매지다. 과거에 매지와 제임스가 사랑하는 사이였음을 암시할 뿐 아니라 마지막엔 매지가 제임스에게 죽음의 키스를 선사하며 실질적으로 작품을 이끌어 나간다. 이제 「라 실피드」는 '제임스-실피드-에피-건-매지'의 오각 관계로 확장되었다. 제임스는 에피와 결혼할 사이지만 실피드에 반하고 마는데, 알고 보면 그는 자신을 동성애자라 인정하지 못하는 '클로젯 게이(closet gay)'이다. 제임스에게 실피드는 자신이 원하는 걸 받아들이지 못한 채 세속으로부터 도망치려는 도피 수단이었을

2014년 덴마크왕립발레단
감독인 니콜라이 휘베가
현대화한 「라 실피드」
중 1막. 부르농빌 안무를
계승하면서도 무대와
의상을 현대화하고
캐릭터를 재해석했다.
덴마크왕립발레단. 2016.

뿐이다. 복잡해진 경우의 수를 따지는 와중에 의문이 든다. 이 혁신
은 꼭 필요했을까?

　휘베의 버전은 종갓집 아들의 딜레마를 연상시킨다. 집안 대대
로 내려오는 가업을 외면할 수도, 세상의 흐름을 놓칠 수도 없어 갈
피를 못 잡는 형국이다. 덴마크왕립발레단을 세계 어떤 발레단과도
구별되게 해 준 것은 부르농빌 전통이었다. 단순한 발동작부터 작품
레퍼토리까지 이르는 독특하고 거대한 세계를 두 세기 가깝도록 유
지해 왔다는 놀라움 말이다. 그런데 촉촉한 숲 대신 실험실처럼 차
가운 공간에서 실피드가 산딸기를 따게 하고 목까지 단추를 채운 잿
빛 무용수들이 흥겨운 파티를 열게 하면서 전체 작품에는 미묘한 균
열이 갔다. 아무리 안무를 그대로 두었다 해도 부르농빌의 미학이
계승될 수 있을까? 이렇게 몇 해가 지난 후 무용수들이 다시 부르농

　　　　　　　　　　　　적자를 뛰어넘은 사생아

니콜라이 휴베의 「라 실피드」 2막 중 한 장면. 검은 배경의 1막과 함께 극도로 단순화한 2막의 백색 무대를 통해 '전통의 현대화'라는 목표를 시각적으로 풀어냈다. 덴마크왕립발레단. 2014.

적자를 뛰어넘은 사생아

빌 버전으로 돌아갈 수 있을까? 전통을 깨부숴야만 혁신이 오는 걸까? 안무가 소실될 리는 없지만 오랜 전통 속에서 몸으로 전달되던 지식과 경험은 생각보다 쉽게 사라지는 법이다. 덴마크왕립발레단의 실험은 큰 대가를 담보로 벌이는 도박이다.

결국은 타탄과 킬트의 발레여라

1994년 고전발레 패러디로 유명한 영국 안무가인 매튜 본(Matthew Bourne)이 「라 실피드」를 패러디한 「하일랜드 플링(Highland Fling)」을 발표했다. 스코틀랜드 글래스고를 배경으로 한 이 작품은 「라 실피드」의 배경이 스코틀랜드였음을 새삼 떠올리게 한다. 탈리오니가 살던 십구세기 파리에서 스코틀랜드란 '머나먼 이국 땅' 정도의 의미였다. 당시 「라 실피드」에는 남자가 입는 치마인 킬트를 차용한 것 외에는 그다지 관련성이 없었다. 게다가 누리는 시대적 배경마저 굳이 십칠세기로 설정했으니 '옛날 옛날 머나먼 나라' 쯤이 되겠다. 그런데 본은 여기에 쇠락한 항구도시의 현실을 적용했다. 제임스는 실직한 조선소 노동자, 매지는 마약판매상이자 타로술사가 되었다. '낭만적인 오줌 발레(A Romantic Wee Ballet)'라는 부제처럼 제임스가 클럽에서 요란한 총각파티를 벌이다가 술과 마약에 취해 변기에 빠져서 좀비 같은 실피드를 만나고, 숲 대신 온갖 쓰레기로 가득한 뒷산 공터로 간다는 등, 본 특유의 비(B)급 정서와 냉소로 가득하다.

2013년에는 스코틀랜드발레단이 이 작품의 공연권을 따내고 활발히 순회공연을 펼쳤다. 본의 무용단인 뉴어드벤처스가 아닌 다른 단체가 전막을 공연하는 건 처음이라는 사실을 자랑스럽게 선전했다.(현재에도 스코틀랜드발레단은 매튜 본의 무용단인 뉴어드벤처스 외에 「하일랜드 플링」을 공연하는 유일한 단체임을 내세우고 있다.) 글래스고에 대한 우울한 묘사엔 개의치 않은 듯했다. 프랑스와 덴마크가 자존심 대결을 펼쳐봤자 타탄체크와 킬트로 점철된 「라 실피드」는 결국 스코틀랜드의 것이라는 명분 앞에선 말이다.

적자를 뛰어넘은 사생아

위대한 미완성작

마리우스 프티파의 「백조의 호수」

프랑스 작곡가 레오 들리브(Leo Delibes)가 발레음악을 작곡했다는 걸 알고 계시지요. 이 작품들은 한 번도 무대에서 공연되지 못했기 때문에 들리브는 이 작품의 일부분을 꾸려 콘서트용 모음곡으로 만들었답니다. 이에 저는 제「백조의 호수」를 떠올렸고, 그 음악을 너무나 보존하고 싶어졌습니다. (꽤 괜찮은 부분들이 있으니) 잊히도록 놔두긴 아깝습니다. 그래서 들리브처럼, 저도 이 작품으로부터 모음곡을 만들고자 합니다.[19]

―표트르 차이콥스키

장엄한「백조의 호수」서곡이 흐르면 관객들은 일찌감치 웃음을 터뜨렸다. 몇 해 전「개그콘서트」에서 꽤나 인기를 끌었던 '발레리NO'라는 코너의 오프닝 말이다. 러시아풍의 이름으로 서로를 부르는 개그맨들이 하얀 유니타드(unitard)를 입고 발레 바, 겉옷, 모자, 혹은 손으로 사타구니를 가리는 것이 웃음 포인트였던 이 코너는 발레를 떠올리면 자동으로 러시아, 「백조의 호수」가 연상되는 것이 대중에게도 강력하게 작용함을 보여준다.

「백조의 호수」는 고전 중의 고전이다. 무용에 대해 아무리 문외한일지라도 「백조의 호수」쯤은 들어 봤을 것이다. 발끝을 모아 제자리걸음하며 두 팔을 위아래로 날갯짓하는 동작은 발레의 환유(換喩)로서 숭배되거나 희화화되었다. 또한 백조는 발레 무용수를 상징하기도 한다. 미운 오리가 아름다운 백조로 거듭난다는 동화는 혹독한 수련을 견디고 아름다운 존재가 된 발레리나의 삶에 비유되고, 인터넷을 떠도는 강수진의 발 사진은 고고한 자태 아래 열심히 발길질하는 백조의 물갈퀴로 여겨졌다. 그리하여 영화 「빌리 엘리어트(Billy Elliot)」의 마지막 장면에서 성인이 된 빌리는 남자 백조가 되어 날아오른다. 백조는 발레 그 자체인 것이다.

혹독한 신고식

「백조의 호수(Swan Lake)」(1877)는 고전발레의 순수함과 엄격함, 권위와 전통의 산물이자 혁신을 위해선 도전하고 무너뜨려야 하는 거대한 기념비이다. 여러 고전발레 중에서도 「백조의 호수」는 매우 불완전하고 굴곡진 기원을 지녔는데, 초연은 실패했고 대본은 수없이 바뀌었다. 작곡가는 죽고 음악은 뭉텅이로 잘려 나갔다. 평생 승승장구만 해 온 듯 보이는 인물이 의외로 평탄치 않은 유년시절을 거쳐 온 것처럼 「백조의 호수」는 어지러운 잔해 속에서 발견된 가능성의 파편을 가닥가닥 엮어 기사회생한 작품이다.

> 나는 왜 '발레음악'이라는 용어가 '부끄러운' 것으로 여겨지는지 이해하지 못하겠다. 결국 좋은 발레음악은 존재한다.[20]

표트르 차이콥스키(Pyotr Tchaikovsky)는 자신의 음악이 발레음악 같이 들린다고 지적하는 동료에게 위와 같이 답장을 썼다. 발레음악

「백조의 호수」는 1877년 모스크바 볼쇼이극장에서 초연되었으나 실패한 후 1895년 상트페테르부르크의 마린스키극장에서 프티파-이바노프 버전으로 재탄생했으며, 궁정광대 캐릭터를 삽입한 알렉산드르 고르스키(Alexander Gorsky)의 연출로 볼쇼이극장에 돌아왔다. 1901.

이라 하면 밍쿠스(L. Minkus), 드리고(R. Drigo), 푸니(C. Pugni) 등의 이류 작곡가들이 단순한 선율과 밋밋한 구성을 조합하던 시절이었지만 이미 작곡가로서 명성을 쌓았음에도 차이콥스키는 발레음악에 도전하는 데 망설임이 없었다. 1870년 처음 시도한 발레음악인 「신데렐라(Cinderella)」가 작품화되지 못한 후에도 차이콥스키는 볼쇼이극장이 의뢰한 「백조의 호수」를 기쁘게 승낙했다. 충만하고도 섬세한 선율과 풍성한 오케스트레이션(orchestration)은 인간의 육체와 영혼에 호소하며 발레음악을 독자적인 예술의 차원으로 끌어올렸다.

차이콥스키의 진지한 도전에도 불구하고 1877년 3월 4일 모스크바의 볼쇼이극장에서 초연된 「백조의 호수」는 혹독한 신고식을 치렀다. 율리우스 라이징거(Julius Reisinger)의 안무는 혹평받았고, 스테판 랴보프(Stepan Ryabov)의 지휘는 아마추어 수준이었다. 고급 관리의 애인이었던 펠라게야 카르파코바(Pelageya Karpakova)는

위대한 미완성작

볼쇼이극장의 「백조의 호수」 중 호숫가 장면. 큰 백조 춤과 작은 백조 춤을 추가하고 백조 군무의 고전적인 아름다움을 강조한 고르스키 버전은 볼쇼이발레단의 대표적인 레퍼토리로 자리잡았다. 1950.

주역 자리를 꿰찼으나 오데트를 소화할 실력을 갖추지 못했고, 무용수들은 새로운 패턴의 발레음악에 적응하기 힘들어했다. 결국 「백조의 호수」는 이후 여러 안무가가 재시도했으나 별다른 인상을 주지 못하다가 극장의 예산 감축에 따라 1883년 레퍼토리에서 탈락했다. 이러한 실패들을 딛고 「백조의 호수」가 재등장한 것은 이십 년 후 상트페테르부르크에서다.

　　단순히 말하자면 러시아 발레는 상트페테르부르크의 마린스키발레단과 모스크바의 볼쇼이발레단 간의 변증법적 발전이라 할 수 있다. 제정 러시아의 수도인 상트페테르부르크와 소비에트 연방의 수도인 모스크바는 각각 서유럽의 궁정문화와 슬라브 민족성을 구심점으로 삼았고, 마린스키발레단과 볼쇼이발레단은 이러한 문화적 풍토를 발레에 고스란히 반영했다. 「백조의 호수」가 볼쇼이극장에서 탄생했을 당시 발레의 주도권은 상트페테르부르크의 마린스키극장에 있었다. 여섯 명의 차르(tsar, 제정 러시아 때 황제의 칭호)를 모시면서 마린스키의 발레마스터로 삼십 년간 군림한 프랑스 안무가 마리우스 프티파(Marius Petipa, 1818-1910)는 1890년대에 이르러 극장장인 이반 브세볼로즈스키(Ivan Vsevolozhsky) 및 차이콥스키와 드림 팀을 이루어 「잠자는 숲속의 미녀」와 「호두까기 인형」을 잇달아 발표했다. 명민한 기획자와 재능있는 안무가, 그리고 위대한 음악가는 서로를 알아보았고 그들의 합작품은 고스란히 고전으로 남았다.

두 작품의 성공을 계기로 이 드림 팀은 「백조의 호수」의 재공연을 추진했으나 1893년 차이콥스키가 사망하고 만다. 이듬해 추도 공연이 열렸고, 바쁜 프티파를 대신해 그의 조수인 레프 이바노프(Lev Ivanov)가 「백조의 호수」의 2막만 선보였다. 백조들의 조합과 패턴을 통해 고요하고도 시적인 정경을 구현한 이바노프의 2막은 호평받았고, 이에 힘입어 이듬해인 1895년에 전막 공연이 이루어졌다. 차이콥스키의 동생인 모데스트 차이콥스키(Modest Tchaikovsky)가 대본을 수정하고 당시 제국극장(현 마린스키극장)의 수석 지휘자였던 이탈리아 작곡가 드리고가 (차이콥스키의 뜻과는 달리) 원곡의 사분의 일 가량을 자르고 재배열했다. 프티파와 이바노프가 각각 1, 3막의 화려한 궁궐 장면과 2, 4막의 서정적인 호숫가 장면을 나누어 안무를 맡았고, 당대 최고의 발레리나였던 피에리나 레냐니(Pierina Legnani)가 오데트-오딜 역을 맡았다. 선과 악, 속세와 환상, 표현력과 테크닉, 외적인 화려함과 내적 성찰이 팽팽한 균형을 이루는 1895년의 버전은 오늘날까지 공연되는 「백조의 호수」의 뼈대가 되었다.

위대한 미완성작

끝없는 유영

「백조의 호수」의 대략적 줄거리는 다음과 같다. 지크프리트 왕자가 친구들과 즐거운 한때를 보내고 있을 때 그의 어머니가 나타나 다가 오는 무도회에서 결혼 상대를 정해야 함을 일깨워 준다. 고민에 잠 긴 지크프리트는 날아오르는 백조 무리를 보고 백조 사냥을 떠나고, 호숫가에서 백조 오데트와 그녀의 친구들을 만난다. 오데트는 지크 프리트에게 악마 로트바르트의 마법에 걸려 백조가 된 사연을 들려 주고 오직 진정한 사랑의 서약만이 그 마법을 풀 수 있다고 말한다. 며칠 후 지크프리트의 생일잔치가 열려 각국의 공주들이 방문하지 만 오데트에 매료된 그는 그녀들에게 관심이 없다. 그때 로트바르트 가 자신의 딸인 흑조 오딜을 데리고 등장하고, 그녀를 오데트로 착 각한 지크프리트가 사랑의 맹세를 했으나 로트바르트의 속임수였 음이 밝혀진다. 호숫가로 달려간 지크프리트는 오데트에게 용서를

지크프리트가 오딜을 오데트로 착각해 청혼하는 장면. 그들 사이에서 악마 로트바르트가 하늘에 사랑을 맹세하라고 종용한다. 유니버설발레단. 2016.

빌고 로트바르트와 대결한다.

그런데 이것은 그야말로 대략적인 줄거리일 뿐 초연 이래 이 고전은 끊임없이 변화의 물결을 유영해 왔다. 모스크바에서 만들어진 초연의 대본만 하더라도 우리에게는 너무나 낯설다. 우선 오데트의 신상을 보자. 초연의 대본에 따르면 선량한 요정인 오데트의 어머니는 인간 기사와 사랑에 빠져 결혼했으나 남편의 잘못으로 죽고 만다. 오데트의 아버지는 재혼 후 오데트를 잊어버리고, 심술궂은 계모는 올빼미로 변신하는 악마 마법사이다. 오데트는 계모에게 괴롭힘을 당하며 죽을 뻔하지만 조부가 구해준다. 호수는 딸의 죽음을 슬퍼한 조부의 눈물로 만들어진 것이다. 그런데 프티파의 버전에서는 오데트의 혈육 및 지난 사연들에 대한 설명이 모두 삭제되었다.

결말 역시 다르다. 초연에서는 홍수가 큰 모티프였다. 올빼미이자 마녀인 계모가 홍수를 일으켰다. 요동치는 배경막이 폭풍과 홍수를 형상화하고 강한 화약 냄새가 파멸을 진동케 했다. 지크프리트는 홍수를 막기 위해 오데트의 왕관을 호수에 던지지만, 알고 보니 이는 사악한 올빼미로부터 보호해 주는 유일한 수단이었다. 두 사람은 파도에 휩쓸려 사라지고 다시금 달이 구름을 뚫고 빛나자 잔잔한 호수 위로 백조의 무리가 나타난다. 그런데 폭풍과 홍수라는 설정은 프티파 버전에서 완전히 사라진다. 브세볼로즈스키는 모데스트에게 새로운 대본을 의뢰하면서 이렇게 말했다. "나는 자네가 마지막 장의 홍수를 빼는 데 성공하기를 바란다네. 진부해서 우리 무대에서는 성공하지 못할 거야."[21]

모스크바의 초연과 상트페테르부르크의 재연 사이엔 대본 이외에도 무수한 변화가 있었다. 왕궁 배경의 1막과 호숫가 배경의 2막은 주인공을 휴식 시간 전에 만나고 싶은 관객들의 바람을 반영해 한 막으로 합쳐졌다. 또한 프티파 버전에선 지크프리트 왕자 역을

나이 든 발레리노인 파벨 게르트(Pavel Gerdt)가 맡는 바람에 순전히 오데트를 들어올리기 위한 역할인 왕자의 친구 베노가 등장했다. '삼 인의 이인무(pas de deux à trois)'라는 괴이한 형태로 이루어졌던 춤은 이후 다른 캐스팅으로 바뀌면서 이인무로 바뀌었다. 주역 무용수가 바뀔 때마다 이에 맞춰 바리아시옹(variation, 솔리스트나 주역 무용수의 기량을 드러내는 독무)이 바뀌는 것은 자주 있는 일이었고, 디베르티스망(divertissement)[22]에서는 다양한 춤이 빠지거나 삽입되었다. 이는 공장의 컨베이어 벨트처럼 분업화되었던 십구세기 러시아 발레의 특징이자 그때그때 재정과 스케줄에 따라 실용적인 결정을 내리던 프티파의 안무 경향이기도 했다. 이후로도 오데트 공주가 로트바르트의 마법에 걸려 백조로 변하는 과정을 묘사하는 프롤로그, 1막의 마지막 부분에서 고뇌하는 왕자의 솔로, 그리고 왕자 곁에서 즐겁게 해 주는 광대 캐릭터가 삽입되기도 했다.

그뿐이랴. 「백조의 호수」의 엔딩은 프티파-이바노프 버전을 따르는 '정통 버전'에서조차 가장 내담하게 해석하는 부분이다. 강렬한 비극성을 띠는 차이콥스키 음악에 맞춰 라이징거 버전에선 두 연인이 익사당하고, 프티파 버전에선 연이어 호수에 몸을 던져 자살한다. 생을 포기함으로써 오데트와 지크프리트는 영원한 사랑을 얻고 백조들은 마법에서 풀려난다. 한편 소비에트 연방의 관료들은 비극적 결말을 선호하지 않았다. 이에 키로프발레단(구 황실러시아발레단, 현 마린스키발레단)의 예술감독이던 아그리피나 바가노바(Agrippina Vaganova, 1933)와 안무가 표도르 로푸호프(Fydor Lopukhov, 1945)는 지크프리트가 혈투 끝에 로트바르트의 날개를 떼어 버린 뒤, 핑크빛 동트는 하늘을 배경으로 오데트와 지크프리트가 영웅적으로 재결합하는 엔딩을 제시했다.

이후로도 엔딩에 대한 실험은 계속되었다. 에릭 브룬(1966)은

지크프리트와 오데트가 만나는 호숫가 장면이 발레단마다 대동소이하다면 지크프리트가 로트바르트와 결투하는 호숫가 장면에선 안무가들의 개성이 드러난다. 키로프발레단 예술감독이던 올레그 비노그라도프(Oleg Vinogradov)가 재안무한 유니버설발레단의 「백조의 호수」 결투 장면에선 백조와 흑조가 나란히 대비를 이룬다. 유니버설발레단. 2016. (pp.64-65)

「백조의 호수」의
엔딩은 지크프리트가
로트바르트를
물리치는 해피엔딩부터
지크프리트가 죽거나
오데트와 함께
호수에 뛰어드는
새드엔딩까지 다양하다.
유니버설발레단. 2013.

지크프리트를 백조 공주들에 의해 파멸당하게 했고, 루돌프 누레예프(Rudolf Nureyev, 1964)는 지크프리트를 로트바르트에 의해 죽게 했다. 존 크랭코(John Cranko, 1963)는 지크프리트가 익사하고 오데트는 다음 왕자를 기다리는 결말을 제시했다.

이렇게 보면 고전발레 연구가 롤런드 존 와일리(Roland John Wiley)가 「백조의 호수」를 '미완성작(work in progress)'이라 부르는 것도 타당하다. 원본에 대한 오늘날의 집착이 무색할 정도로 끊임없이 변화했으니 말이다.

그들의 발레가 아닌 우리의 발레

오늘날 「백조의 호수」는 프티파의 삼대 발레 중에서도 가장 사랑받는 작품이다. 「잠자는 숲속의 미녀」나 「호두까기 인형」이 밝고 동화적인 세계를 구현한다면 「백조의 호수」는 마법과 공주, 왕자 이야기임에도 불구하고 훨씬 시적이고 초월적이기 때문이다. 사실 「백조의 호수」는 프티파가 구축한 고전발레 양식에서 조금 벗어나 있다. 서곡에서부터 전면에 흐르는 비극성은 요정발레의 경쾌함과는 거리가 멀고, 죽음으로 끝나는 결말 역시 왕족의 결혼식 및 신격화(apotheosis, 공연에서 엄숙한 의식을 행하거나 찬미하는 마지막 장면)로 끝나는 여타 고전발레와는 구별된다. 특히 프티파와 이바노프의 합작은 고전발레의 화려함과 낭만발레의 서정성을 동등하게 담아냈다. 마법과 환상을 다루되, 내면으로 침잠하는 자기성찰성 덕분에 「백조의 호수」는 공기 중으로 휘발되지 않고 시대를 뛰어넘어 영혼에 호소한다.

더군다나 「백조의 호수」는 러시아 발레의 정체성을 구축한 전환점이기도 했다. 현재 '러시아 발레'는 그 익숙함에 한 단어처럼 사용되기도 하지만 사실 러시아에서 발레는 철저히 수입문화였다. 서유럽을 롤모델로 삼았던 표트르 대제의 근대화 정책이 그러하듯, 러시아에서 서유럽의 발레는 문명과 발전을 의미했다. 마리 탈리오니를 비롯해 서유럽 출신의 안무가와 무용수들은 러시아에 와서 부와 명성을 누리며 러시아 태생의 무용수들 위에 군림했다. 평생 프랑스어로만 말하길 고집한 프티파와 최고 기량을 과시하던 이탈리아 발레리나 피에리나 레냐니는 바로 우월한 외부 세계의 상징이었다. 당시 유일하게 서른두 바퀴의 푸에테(fouetté, 한 발은 발끝으로 서고 다른 발로 채찍질하듯 휘감으며 빠르게 도는 동작) 회전을 해내던 레냐니를 위해 프티파는 오딜과 지크프리트의 이인무 클라이맥스에 푸

소련 관광청이 발행한 우표에 실린 「백조의 호수」. 「백조의 호수」는 냉전시대 소련의 문화적 자긍심이었다. 1970.

에테를 삽입하기도 했다.

그러나 「백조의 호수」는 프티파와 레냐니 외에 러시아인 안무가와 무용수에게도 새로운 기회를 주었다. 이바노프가 안무한 시적인 호숫가 정경 장면은 프티파의 트레이드마크인 거창한 왕실 행진과 디베르티스망보다도 더 큰 찬사를 받았고, 러시아 발레리나 마틸드 크셰신스카(Mathilde Kschessinska)가 레냐니를 성공적으로 계승해 세대교체를 이룬 점은 발레가 '그들의 것'이 아니라 '우리의 것'이 되었음을 의미했다. 발레가 충분히 토착화하고 성숙해 우리의 것이 되었다는 자신감은 이후 미하일 포킨, 바츨라프 니진스키, 안나 파블로바 등 러시아의 신세대 예술가들이 성장할 수 있는 토대가 되었다.

국경과 진영을 초월해 살아남기

이십세기 초의 러시아혁명은 「백조의 호수」에 또 한 번의 드라마를 부여한다. 로마노프 왕조가 무너지고 소비에트 연방이 수립되면서 제정 러시아의 발레는 이데올로기적 토대를 잃는다. 그런데 아이러니하게 소비에트 연방에서도 고전발레는 살아남아 융성했으며, 서유럽으로 전해진 프티파의 작품은 국경과 시대를 초월한 고전으로 등극했다. 이십세기 전반부에 공산주의와 민주주의가 전 세계를 양분했다면, 「백조의 호수」는 도플갱어가 되어 두 진영에서 모두 사랑받았다.

공산주의와 민주주의가 모두 사랑한 발레라니, 그것이 어떻게 가능했을까. 발레는 공산주의가 배격한 궁정문화의 모든 것을 담고 있었지만 동시에 공산주의가 필요로 했던 민중 교화의 강력한 수단이기도 했다. 군사훈련에 가까운 고행적 수련으로 인해 무용수들은

위대한 미완성작

민중에게 봉사하는 영웅으로 포장되었고, 노동자들이 발레를 즐겨 보는 현상은 소련의 문화적 힘과 업적이 되었다. 볼쇼이발레단은 사회주의 리얼리즘에 기반을 둔 작품들을 대거 쏟아냈지만 경직되고도 불안정한 이념이 주는 공포와 피로감이 쌓이면서 오히려 고전발레가 안전하고 편안한 도피처로 부각되었다. 소비에트 체제는 「백조의 호수」에 적응했다. 「백조의 호수」를 서른 번쯤 보았다는 스탈린은 각국 정상과 외교관이 방문할 때면 이를 자랑스럽게 선보였고, 스탈린의 후계자인 니키타 흐루쇼프는 「백조의 호수」를 너무 많이 본 나머지 하얀 튀튀와 탱크가 뒤죽박죽으로 섞인 꿈을 꾼다고 불평할 정도였다.[23]

한편 철의 장막을 건너간 「백조의 호수」의 행로는 더욱 극적이다. 1917년에 혁명이 발발하자 「백조의 호수」는 당시의 러시아 지식인과 예술가들처럼 말 그대로 '망명'했다. 마린스키극장의 레지쇠르였던 니콜라이 세르게예프가 가방 가득 담아 온 종이 뭉치로 말이다. 프티파 시대의 발레 작품들은 1892년 블라디미르 스테파노프(Vladimir Stepanov)가 기보법을 개발하면서 꾸준히 기록되었는데, 세르게예프가 자신의 기보를 가지고 서유럽으로 망명한 것이다. 세르게예프는 불완전한 기록과 자신의 기억을 토대로 파리오페라발레단, 런던빅웰스발레단(현 로열발레단) 등에서 「잠자는 숲속의 미녀」「코펠리아(Coppélia)」「지젤」「백조의 호수」 등 총 스물한 개의 작품을 재연했다.

이십세기 초 프티파의 천편일률적인 작품에 질린 신세대 예술가들이 발레 뤼스를 결성해 서유럽에서 새로운 발레를 실험했다면, 발레 뤼스 이후에야 서유럽에 전파된 프티파의 작품들은 고전발레로 명명되었다. 전쟁과 냉전으로 경직된 국제 정세 속에서 서유럽 국가의 무용가들은 그들만의 고전발레를 꽃피우며 생기를 되찾았다.

권위는 혁신에서 온다

냉전이 끝나고 철의 장막이 무너지면서 두 진영의 「백조의 호수」는 다시 만났다. 도플갱어를 마주친 자는 죽음에 이른다는 속설과는 달리 재결합된 「백조의 호수」는 더욱 강력한 고전이 되었다. 이는 혼란이 정리되고 프티파–이바노프의 버전으로 통합되었다는 뜻이 아니다. 오히려 수많은 안무가가 과감히 도전해 재해석하면서 「백조의 호수」의 물리적 구심점은 해체되고 발레의 대표작이라는 상징성이 더욱 단단해졌다.

「백조의 호수」는 춤에서 권위와 전통, 관습을 비틀고 도발하고 반성하는 단단한 발판이 되었다. 안무가들은 「백조의 호수」에서 서로 다른 것을 보고, 자기만의 방식으로 숨을 불어넣었다. 존 노이마이어(John Neumeier, 1976)는 지크프리트를 백조를 사랑했던 바이에른 왕국의 루트비히 2세로, 크리스토퍼 게이블(Christopher Gable, 1992)은 로트바르트를 파시스트 독재자로 치환했다. 프레드릭 리드만(Fredrik Rydman, 2013)은 로트바르트를 마약상이자 포주에, 백조들을 창녀에 대입했고, 마이클 키간 돌란(Michael Keegan-Dolan, 2016)은 지크프리트를 우울증에 걸린 서른여섯 살의 무직자 지미로 해석했다. 백조 사냥을 하는 왕자나 마법에 빠진 공주라는 치렁치렁한 예복을 걷어내니 지극히 현실적인 이야기가 드러났다.

안무가들은 백조를 떠올리면 곧 여성, 발레리나, 아름다움으로 연결 짓는 연쇄작용을 멈추고 우리의 선입견과 믿음을 돌아보게 했다. 마츠 에크(Mats Ek, 1987)는 과격한 대머리 백조를 통해 백조가 상징하는 아름다움과 여성성을 해체했고 성 역할이 전환되는 앙 트라베스티(en travesti) 무용으로 유명한 몬테카를로트로카데로발레

위대한 미완성작

단(Les Ballets Trockadero de Monte Carlo)은 토슈즈를 신은 우락부락한 남성 백조와 왜소한 왕자를 통해 기존의 가부장적 젠더 설정을 희화화했다. 남아공 안무가인 다다 마실로(Dada Masilo, 2010)는 지크프리트를 오데트와 결혼 약속을 했음에도 흰 튀튀와 토슈즈를 신은 남자 오딜과 사랑에 빠진 남자로 묘사함으로써 동성애혐오가 강한 아프리카 사회에 논란을 일으켰다.

「백조의 호수」는 또한 발레가 사우스아프리카댄스(다다 마실로), 스트리트댄스(프레드릭 리드만), 인도의 전통춤 중 하나인 카타크(수자타 바네르지, Sujata Banerjee, 2018)와 결합하는 실험실로도 쓰였다. 「백조의 호수」가 이렇게 변할 수 있다면 그 무엇도 '전통'이라는 명목으로 정체할 수 없을 것이다. 업계에서 존경받는 최고령 어르신이 젠체하며 물러나 있기보다 적극적으로 혁신을 이끌고 있다.

우아하고 강인한 남성 백조

그리고 매튜 본의 「백조의 호수」(1995)가 있다. 무수한 「백조의 호수」 스핀오프 중에서도 본의 버전은 원작에 뒤지지 않는 동시대적 명성을 구축했다. 토니상(Tony Awards)과 올리비에상(Laurence Olivier Award)을 휩쓸었고, 1999년 『댄스매거진(Dance Magazine)』에선 이십세기 전체를 대표하는 춤으로 꼽혔다. 본의 「백조의 호수」는 남성이 백조 역을 맡았다는 점, 그 남성 백조가 왕자와 교감을 한다는 점, 그리고 왕실이라는 구닥다리 설정에 현 영국 왕실의 스캔들을 입혔다는 점에서 화제가 되었다. 이 중 가장 주목받은 건 단연 남성 백조다.

본의 백조는 가냘픈 새가 아니라 역동적인 동물이다. 초연 때

매튜 본의 「백조의 호수」에서 강인하고도 우아한 남성 백조를 보여준 로열발레단 무용수 아담 쿠퍼. 남성성의 넓은 스펙트럼을 보여주고 동화적인 설정을 현실과 연결시킨 본의 「백조의 호수」는 또 하나의 고전이 되었다. 1995.

위대한 미완성작

백조 역을 맡았던 로열발레단의 아담 쿠퍼(Adam Cooper)는 웃통을 드러낸 채 풍성한 술이 달린 반바지 차림으로 우아하고 강인한 남성 백조를 체현했다. 이는 혁명이었다. 그 전에도 남성 백조나 대머리 백조가 등장한 적은 있지만 본의 백조처럼 파격을 우스꽝스럽지 않게, 아름답고 서정적으로 표현한 것은 처음이었기 때문이다. 본의 백조는 남성성의 넓은 스펙트럼을 보여주었다.

본의 「백조의 호수」는 백조의 젠더 정체성만 바꾼 것이 아니다. 이는 왕자에 대한 새로운 이야기이기도 하다. 본은 고전발레에서 밋밋한 샌님처럼 존재하던 왕자를 내면이 복잡한 한 개인으로 보여주었다. 본의 왕자는 '왕자'라는 직업에 어울리지 않는 불완전한 인간이자, 어려서부터 일거수일투족을 제재당하면서 자신이 진정 원하는 걸 가질 수 없던 인물이다. 이는 당시의 찰스 왕세자라는 실제 인물과 맞닿아 있으면서도 누구나 공감할 수 있는 보편적인 주제가 되었다. 왕자에게 백조는 자신의 욕망과 두려움이 투사된 존재이고, 따라서 백조와 왕자의 춤은 표면상의 동성애적인 관계를 들추어 보면 내면이 분열된 현대인의 자화상이기도 하다. 본의 「백조의 호수」는 여전히 왕자 이야기이지만, 동시에 자신이 누구인지, 자신이 사는 세계가 어떠한지 고민하는 한 인간에 대한 이야기라는 점에서 모두의 이야기이기도 하다.

아름답고 강인한 남성 백조는 2019년에 이십오주년을 맞이했다. 그동안 '게이 백조의 호수'라는 비아냥거림이 사라지고 가족 단위로 즐기는 공연이 되었다. 전 세계를 휩쓸며 공연된 이 작품은 수많은 소년들을 발레로 이끌었고, 이제 그들이 새로운 백조가 되어 세대교체를 이루고 있다. 본의 「백조의 호수」는 춤은 멋진 것이고, 남성이 해도 멋진 것이라는 생각을 전파했다. 작품과 함께 성장해 온 무용수와 관객들이 춤의 장벽을 허물고 혐오를 포용으로 바꾸어 놓았다.

백조와 왕자의 사랑 이야기를 담은 「백조의 호수」는 구세대의 세계관을 담고 있다. 그 세계에선 남성이 여성을 보호하고, 백이 선하고 혹은 악하며, 왕족이 평민 위에 군림하고, 사랑은 남녀의 결혼으로 맺어진다. 허나 파격적인 설정과 끊임없는 해체를 겪어낸 오늘날의 「백조의 호수」는 그 질서에 하나하나 질문을 던지며 우리의 욕망과 두려움을 가감 없이 비추어낸다. 무한히 확장된 「백조의 호수」는 우리가 누구인가, 춤은 무엇을 할 수 있는가를 보여주는 바로미터가 되었다.

　　　　　　　　　　　　　　　위대한 미완성작

개천 용의 인정투쟁

로이 풀러의 「뱀춤」

〔파리 첫 공연의〕 다음 날 도시 전체에 내 사진을 담은 리소그래피가 도배되었다. 내 모습은 실제보다 대단해 보였고 한 뼘 크기의 글씨들은 '뱀춤! 뱀춤!'이라 외치는 듯했다. 그러나 한 가지가 명확해지면서 내 가슴이 찢어졌다. 어디에도 내 이름이 언급되지 않았다.[24]

— 로이 풀러

1891년 미국 뉴욕의 카지노극장. 계약직 무용수였던 로이 풀러(Loïe Fuller, 1862-1928)는 「돌팔이 의사(Quack, M.D.)」라는 연극에서 최면에 빠진 과부 역할을 맡았다. 프로그램 북에 이름이 적히지 않을 정도로 작은 단역이라 춤도 그녀가 알아서 만들어야 했다. 최면 상태로 무대를 휘젓는데 치마가 걸리적거리자 치맛단을 들고 날아다니듯 움직였다. 풀러는 이렇게 회고했다. "객석에서 갑작스러운 외침이 들렸다. '어, 나비네, 나비!' 내가 동작을 바꿔 무대 한쪽에서 반대편으로 뛰어가니 이번엔 또 다른 외침이 들렸다. '난초야!'"[25] 풀러의 머릿속에 아이디어가 번뜩였다. 그녀에게 「뱀춤(Serpentine Dance)」(1892)은 섬광처럼 번쩍인 영감이었다.

　물론 이는 풀러의 서사다. 그녀의 자서전『어느 무용수 인생의

십오 년(Fifteen Years of a Dancer's Life)』은 우여곡절로 가득하다. 무려 두 살 때에 무대에 올라 주목받았다는 일화에서 보듯, 그녀는 자신의 춤 인생을 우연과 기회의 연쇄작용으로 풀어낸다.

　그러나 「뱀춤」은 섬광처럼 나타나지 않았다. 생각해 보자. 풀러는 이미 서른에 가까운 나이였고, 쇼 비즈니스에서 잔뼈가 굵은 베테랑 댄서였다. 「뱀춤」을 만들기 직전엔 (잠시 결혼 생활을 했던) 남편의 지원으로 공연단을 조직해 카리브해 연안으로 공연을 다녀왔다고도 한다. 게다가 긴 치맛자락을 잡고 흔드는 '스커트댄스(skirt dance)'는 당시 가장 대중적인 춤의 형태였고, 이외에 오리엔탈댄스[26]와 인도의 노치(Nautch)[27]도 유행했다. 스커트를 흔드는 건 평범하디 평범한 출발점이었을 것이다. 그럼에도 풀러는 「뱀춤」에 대한 회고에서 대중춤의 영향을 애써 지웠다. 말을 몇 번이나 바꾼 후, 그녀는 런던의 한 호텔방 다락에서 찾아낸 트렁크 속의 치즈 만드는 거즈 뭉치를 활용했다고 말했다. 런던, 호텔방, 트렁크, 거즈 뭉치라니, 지극히 낭만적인 에피소드다.

　왜 이런 낭만적인 서사가 필요했을까? 풀러는 「뱀춤」의 탄생을 평범하고 하찮은 출생으로 놔두기보단 우연한 발견과 예사롭지 않은 계시의 순간으로 탈바꿈했다. 풀러에게 「뱀춤」은 영웅이었고, 영웅은 탄생부터 특별해야 했다. 이 춤은 늘 열세에 놓였던 이가 벌인 끝없는 인정투쟁이다.

「뱀춤」엔 뱀이 없다

로이 풀러는 시카고 출생의 미국인으로, 본명은 마리 루이스 풀러(Marie Louise Fuller)이다. '로이'라는 예명은 이후 프랑스에 진출하면서 스스로 만든 것이다. 그녀는 어릴 때부터 드라마 낭독, 서부 주

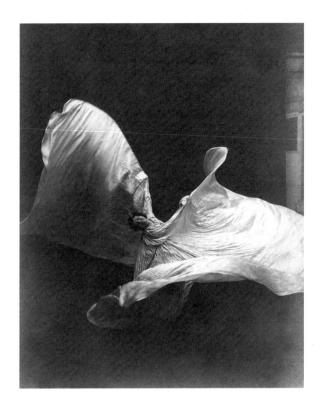

천과 함께 춤추는 로이 풀러. 그녀는 세기말 파리에서 아르누보 양식이 추구한 곡선과 흐름을 풍부하게 구현해 예술가들의 뮤즈가 되었다. 1897.

제의 벌레스크, 보드빌(vaudeville, 춤과 노래 따위를 곁들인 가볍고 풍자적인 통속 희극), 오페레타(operetta, 가볍고 풍자적인 오페라)를 해 왔으며, 동양풍 카바레, 외설적인 댄스 홀 등 수많은 대중 공연장에서 춤추고 연기했다. 다르게 말하자면, 그녀는 당시 무대에 섰던 여느 여자 무용수들과 다를 바 없었다. 공연마다 계약해 그때그때 필요한 역할을 해내는 대체 가능한 존재들. 그런 그녀가 아티스트로 거듭난 계기가 바로「뱀춤」이다.

　　「돌팔이 의사」에서 선보인 춤이 인기를 모으자 풀러는 이를「뱀춤」이라 이름 붙이고 하나의 독립된 작품으로 만들었다. 그 계기에는 경제적인 이유가 컸다. 짧은 독무는 공연의 막간극이나 버라이어

개천 용의 인정투쟁

티 쇼에 쉽게 삽입될 수 있었기 때문이다. 풀러는 뮤지컬 「차이나타운으로의 여행(A Trip to Chinatown)」의 막간극으로 「뱀춤」을 선보였으며, 이외에도 닥치는 대로 공연했다. 인기가 오를 때 바짝 벌어둬야 하는 건 계약직 무용수의 본능이었다. 오월이면 지역축제마다 겹치기 출연하는 가수처럼, 하룻밤에 극장 세 곳에서 공연하기도 했다. 그녀는 각 극장에 의상, 액세서리, 장치 등을 마련해 두고 차례로 순회하며 공연을 했다.

「뱀춤」은 세 장면(tableau)으로 이루어진 작품이다. 각 장면은 암전에서 시작해 암전으로 끝난다. 조명이 켜지면 수 미터의 실크 천을 이어 붙인 의상으로 온몸을 감싼 풀러가 서 있다. 그녀의 얼굴이 슬쩍 보이지만 소매 안으로 잡은 긴 막대를 휘두르자 이내 사라진다. 풀러의 움직임에 따라 실크 천이 구불구불 움직이며 우아한 곡선을 만든다. 여기에 사방에서, 무대 바닥과 천장에서 형형색색 바뀌는 색깔 조명이 비치며 몽환적인 이미지를 만들어낸다. 춤에선 이야기와 캐릭터, 무대장치와 정서, 무용수의 몸마저 사라진다. 남은 건 끝없이 유동하는 거대한 천과 빛, 색채다. 풀러는 사회적, 문화적, 신체적 자아를 벗어 버리고 초자연적이고 형이상학적인 실체가 된다. 관객들은 움직이는 대상에서 피와 살을 가진 무용수가 아니라 나비, 뱀, 꽃, 물결, 구름, 새 등을 제 맘대로 본다. 어둠으로부터 서서히 떠올라 번성하다가 다시금 어둠으로 사라지는 춤은 인생을, 생명을, 우주적 순리를 압축적으로 담아낸다.

「뱀춤」은 '뱀의 춤(snake dance)'이 아니다. 초반에는 스커트에 뱀을 그려 넣기도 했으나 곧 흰 실크 천으로 일관했다. '구불구불하다(serpentine)'는 점에서, 움직임이 연상케 한 나비니 물결이니 불꽃은 자연과 우주, 생명력과 에너지를 상징했다. 풀러는 평생 「나비춤(Butterfly Dance)」 「불춤(Fire Dance)」 「백합춤(Lily Dance)」 등 백

'뱀춤: 로이 풀러와 그녀의 변신(La danse serpentine: Loïe Fuller et ses transformations)'이라는 제목의
일러스트. 풀러가 만들어낸 다양한 의상디자인과 움직임 패턴을 엿볼 수 있다. 1900년 이전.

개천 용의 인정투쟁

이십팔 편의 춤을 만들었다. 서사구조를 갖춘 「살로메(Salome)」와 같은 작품을 제외하곤 모두 거대한 흰 천과 조명을 활용한 춤이라는 점에서 「뱀춤」은 그녀의 춤 세계의 배아(胚芽)라 할 수 있다.

시카고 걸에서 '라 로이'로

그때나 지금이나 여성 무용수에겐 매력적이고 몸매가 좋아야 한다는 외모 코르셋이 있다. 허나 풀러는 키가 작고 통통했으며 일반화된 기준에서 보자면 예쁘지 않았다. 타고난 우아함이나 매력도 없었고, 당시 무용수라면 당연히 접했을 기초 발레 훈련도 받은 적 없다. 「뱀춤」이 탄생한 지 겨우 몇 달 후, 풀러는 일생일대의 기회를 찾아 대서양을 건넜다. 파리에 왔을 때 이미 서른에 가까웠던 데다 (유럽인이 깔보는) 미국인이었던 그녀는, 정말이지 아무것도 내세울 게 없었다.

허나 파리지앵들은 풀러의 「뱀춤」에 매료되었다. '볼품없고 나이 든 (게다가 공공연한 레즈비언) 미국 여자'란 걸 알았지만, 무대에만 서면 초자연적이고 숭고한 무언가로 변신했기 때문이다. 파리에서 풀러는 '라 로이(La Loïe)'라는 애칭을 얻었다. 여성들은 봉마르셰와 루브르 백화점에서 라 로이 스커트와 스카프를 사고, 남성들은 라 로이 넥타이를 했다. '라 로이'는 칵테일부터 화장품, 잡화와 광고를 휩쓸었다.

콧대 높은 상류층과 예술가들도 라 로이를 그들의 뮤즈로 삼았다. 시인 스테판 말라르메와 윌리엄 예이츠, 유리 세공사 랄리크(R. Lalique)와 티파니(L. C. Tiffany), 조각가 로셰(H. P. Roché)와 오귀스트 로댕, 작곡가 클로드 드뷔시, 화가 제임스 휘슬러와 앙리 드 툴루즈 로트렉이 그녀를 찬미했다. 상징주의와 아르누보 예술가들에게 「뱀춤」은 그들이 꿈꿨던 움직임과 추상성을 가장 명료하고 효과적으로 형상화한 작품이었다. 그들의 작품 속에 등장한 풀러는 아름다운 미녀의 모습으로, 얇은 천 사이로 늘씬한 몸매를 드러내고 있다. 살집이 상당히 있던 풀러의 실제 모습과는 거리가 멀다. 이 간극은 여성을 담아내는 장르적 관습의 결과이기도 했지만, 그만큼 풀러가 이들 각자의 눈에 가장 아름다운 모습으로 비춰질 정도로 이들을 매료시켰다고도 할 수 있다.

1900년 파리에서 열린 만국박람회에서 풀러는 전용극장을 세웠다.(정작 미국관은 더없이 초라했다.) 그 어떤 공연자도 누리지 못한 영광이었다. 개인이, 미국인이, 여성이 전용극장을 세우다니, 그녀가 국적을 넘어 시대의 아이콘이 되었음을 상징하는 일이었다. 극장의 정문 위엔 풀러의 조각상이 놓였다. 풀러는 제국주의적 팽창주의와 기술 발전에 대한 믿음, 예술적 자부심과 백인 우월주의마저도 모두 담아냈다.

파리지앵들이 풀러를 사랑했던 또 다른 이유는 그녀가 당시의 여성 무용수들과 달랐기 때문이다. 궁정발레가 무너진 십구세기 말, 파리 공연장의 춤은 다리를 높이 차서 속옷 바지를 보여주는 캉캉(cancan)이 지배적이었다. 여성 무용수라면 오직 발끝으로 설 수 있음을 자랑하거나, 노출이 심한 의상을 입고 선정적으로 춤출 뿐이었다. 그런데 「뱀춤」은 캉캉처럼 치마를 휘젓는 춤이건만 거대한 천에 둘러싸여 몸의 실루엣조차 드러나지 않았다. 여기엔 여성의 성적 매력을 과시하는 관습적인 제스처도, 가슴과 엉덩이를 강조하는 선정적인 움직임도 없었다. 「뱀춤」은 '여성과 아이들도 볼 수 있는 공연'으로 찬사받았다.

파리지앵의 사랑으로 풀러의 자존심은 높아만 갔다. "나는 미국에서 태어났으나 파리에서 만들어졌다."[28] 그러나 한편으로 그녀의 이 거들먹거림에는 평범한 출생을 애써 부정하는, 자수성가한 이의 자격지심이 드러난다.

모방자와의 사투

「뱀춤」은 탄생부터 시끌벅적했다. 「돌팔이 의사」에서의 춤이 인기를 끌자, 풀러는 극장 측에 출연료를 오십 달러에서 백오십 달러로 인상해 달라고 요구했다. 극장이 이를 거부하자 풀러는 공연을 그만두었다. 이에 극장 측은 풀러의 동료 무용수인 미니 렌우드 베미스(Minnie Renwood Bemis)에게 최면 장면을 맡겼다. 자신의 춤을 모방하는 베미스에 격분한 풀러가 소송을 걸었다. 바로 무용 저작권 역사에서 가장 유명한 '풀러 대 베미스' 소송이다.

풀러는 패소했다. 이후 미국 시장에선 희망이 없다는 걸 깨닫고 일생의 기회를 좇아 프랑스로 향했다. 그녀는 파리에 도착하자마자 파리 오페라극장에 가 보았으나 거절당했다. 며칠 후 당시 유명한 카바레였던 폴리베르제르를 방문했다. 마차에서 내리던 풀러는 극장에 걸린 거대한 플래카드에 「뱀춤」이 광고되는 것을 보았다. 그녀가 파리에 도착하기도 전에 「뱀춤」이 먼저 도착했던 것이다. 풀러는 탄식했다.

> 그들이 내 춤을 훔쳤다. 나는 완전 죽은 것처럼, 내 마지막 순간이 온 것보다도 더 심하게 맥을 못 추고 있다. 내 삶은 이 공연의 성공에 달려 있었는데, 다른 이들이 그 수확을 가로챘다. 내 절망을 설명할 수 없다. 어떤 말도, 어떤 몸짓도 할 수 없다. 나는 말문이 막히고 마비되었다.[29]

영웅은 절체절명의 위기에 강해지는 법. 미국인 무용수가 풀러를 모방하는 마티네(matinée) 공연이 끝나야 감독을 만날 수 있다는 말에 풀러는 식은땀을 흘리며 공연을 관람했다. 그런데 모방자는 그녀의 적수가 될 수 없었다. "무용수가 춤을 출수록 나는 한층 차분해졌다. 난 그녀의 불충분함에 기꺼이 입맞춤할 수 있었다."[30] 이어진 오디션에서 풀러는 단독 공연을 따내고 모방자를 몰아냈다. 그리고 1892년 11월 5일, 드디어 풀러는 자신이 꿈꾸었던 바를 이루었다. 자기 이름을 걸고 자기의 춤을 춘 것이다. 사십오 분간의 공연이 끝나자 우레 같은 박수가 터졌다. 다음 날 파리는 온통 풀러 이야기로 떠들썩했다. 이후 풀러는 그곳에서 삼 년간 삼백 회 연속 공연을 했다. 전례가 없는 성공이었다.

미국 사진가 프레데릭 글래시어(Frederick W. Glasier)가 찍은 로이 풀러의 모습. 배경에 검은 막을 세우고 가속 렌즈로 촬영해 「뱀춤」 속 풍성한 실크 천의 움직임을 생생하게 잡아냈다. 1902.

개천 용의 인정투쟁

그러나 「뱀춤」의 성공은 표절과 모방을 더욱 부추겼다. 한 연구자에 의하면, 풀러가 활동하던 당시 그녀를 전문적으로 모방하는 무용수가 최소 서른일곱 명은 있었다고 한다.[31] 서른일곱 명이라니. 유튜브에 '로이 풀러'나 '뱀춤'을 검색하면 지금도 수십 명의, 너무나 다른 무용수들의 영상이 나온다. 그중에서 누가 진짜 풀러인지는 구별하기 어렵다. 허나 우린 신경 쓰지 않는다. '대충 비슷했겠지' 생각하며 넘긴다. 당시 사람들도 그랬을 것이다. '누구를 보더라도 대충 비슷하겠지.' 풀러와 친분이 있던 토머스 에디슨은 풀러의 「뱀춤」을 촬영하고 싶었지만 그녀가 거절하자 그녀의 모방자인 애너벨 무어(Annabelle Moore)라는 무용수를 대신 찍었다. 영화 역사의 초기 자료로 유명한 「애너벨 뱀춤(Annabelle Serpentine Dance)」은 풀러의 짝퉁인 셈이다. 모두들 「뱀춤」이 로이 풀러의 춤임을 알지만, 아무도 그녀가 직접 추는 춤의 독창성이나 원본성을 중요하게 생각하지 않았다. 그 점은 풀러가 평생 모방자들과 싸워 온 문제였다.

절박함은 혁신을 낳는다

풀러는 자신에게 모방자들이 따라올 수 없는 독창성이 있다는 걸 믿었다. 그러나 동시에, 모방자들을 떨쳐내기 위해 갖은 노력을 했다. '베미스 소송'에서 봤듯 저작권법으로 춤을 보호하기 어려운 상황이었기에 그녀는 「뱀춤」에 쓰인 의상과 조명, 무대장치들로 미국과 프랑스, 독일에서 특허를 냈다. 종 모양의 거대한 의상과 지팡이처럼 구부러진 막대, 무대 아래에서 비치는 조명과 거울을 여러 각도로 겹친 무대장치들을 꾸준히 등록했다.

특허로도 안심할 수는 없었다. 풀러는 의상이나 조명 작업을 집요할 정도로 비밀에 부쳤다. 작업 과정을 여러 부분으로 나누어 진

십구세기 마술과 무대 효과에 관한 방대한 이야기를 담은 알버트 홉킨스(Albert A. Hopkins)의 책,
『마술: 속임수 사진을 포함한 과학적 전환과 무대 환상(Magic: stage illusions and scientific diversions,
including trick photography)』에 수록된 로이 풀러의 「뱀춤」. 무대 위 여러 대의 프로젝터가
중첩되며 풀러의 의상을 비춘다. 1897.

개천 용의 인정투쟁

행함으로써, 무대에 오르기까지 아무도 전체 과정을 알 수 없게 했다. 또한 극장 소속의 기술자들에게 맡기기보단 자기가 기술자들을 직접 고용해 작업했다. 풀러에겐 비밀 연구소가 있었으며, 한때 서른 명의 기술자를 보유했다고 한다. 그녀의 비밀 유지 수준은 공연을 진행하기 위한 신호를 종이에 적지 못하게 하고 무대 위에서 자신이 발을 굴러 알려 줄 정도였다.

자신의 창작물로부터 모방과 표절을 떨치려는 욕구는 그녀를 기술자나 과학자 또는 마법사로 만들었다. 풀러는 '매직 랜턴'이라는, 현재로 치자면 슬라이드 프로젝터인 장치를 기반으로 실험을 했다. 슬라이드를 손수 색칠했고, 프로젝터를 여러 대 사용해 색깔 변화와 중첩, 디졸브(dissolve, 한 화면이 사라짐과 동시에 다른 화면이 점차로 나타나는 장면 전환 기법) 효과를 만들어냈다. 슬라이드 두 장 사이에 색깔 젤을 넣어 조명을 비추면 젤이 녹아내리는 모습이 그대로 의상에 투사되었다. 그 결과 무용수는 몽환적이고도 살아 있는 색채 덩어리로 변신했다.

또한 풀러는 당대의 과학자들과 교류하며 최신 기술을 도입하고 실험했다. 에디슨의 뉴저지 연구소를 드나들며 형광성 소금을 얻어 와 의상에 뿌려 별처럼 빛나게 했다. 또한 마리 퀴리가 라듐을 발견했음을 알고 이를 의상에 접목하고자 노력했다.(위험물질이라 거절당하자 그 대신 조명장치로 라듐 빛을 흉내낸 「라듐춤(Radium Dance)」을 만들었다.) 그녀는 빛에 대한 연구를 인정받아 프랑스천문학회의 회원이 되었으며, 1924년엔 루브르박물관에서 그녀의 과학적 업적에 대한 전시가 열리기도 했다. 풀러는 모더니즘 시대의 '전기요정(la fée électricité)'이었다.

떠들썩한 유명세와 긴 활동기간에도 불구하고, 풀러는 사후에 빠르게 잊혀졌다. 여기서 '잊혀졌다'는 평가가 의아하게 느껴질 수

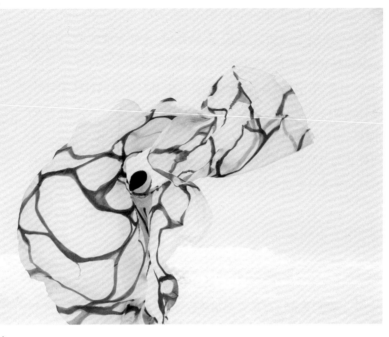

로이 풀러 전문가 조디 스펄링(Jody Sperling)의 「뱀춤」 재해석. 기술과 매체를 혁신적으로 활용했던 풀러는 오늘날 미디어 퍼포먼스의 선구자로 재발견되고 있다. 2014.

도 있는데, 주류 무용사에선 그녀를 이사도라 덩컨, 루스 세인트 데니스와 함께 '현대무용의 어머니'로 꼽기 때문이다. 이들은 모두 정식 무용교육을 받지 않은 미국 여성들로, 미국보다는 유럽에서 인정받으며 활동했고, 여성의 인권운동 및 이성복식운동(The rational dress movement)과 맞물려 아티스트로 부각되었다. 이런 공통점 때문에 세 무용가들은 소위 '삼대 어머니'로 묶여 서술되곤 한다. 그러나 셋 중 승자는 덩컨으로, 헐렁한 그리스식 튜닉을 입고 자유롭게 춤추던 그녀는 현대무용의 정신이 되었다. 이에 비해 무용수의 몸을 극도로 추상화했던 풀러는 후대 무용가들로부터 무용수를 인간이 아닌 기계로 취급한다는 비판을 받았다. 휴머니즘적 무용사에서 풀러는 '별종' 선구자 정도로 언급되며 주변부로 사라졌다.

한동안 잊혔던 풀러가 이십세기 말에 갑자기 재조명된 건 미디

개천 용의 인정투쟁

어 퍼포먼스의 등장 때문이다. 홀로그램, 모션 캡처, 증강현실(AR), 가상현실(VR), 프로젝션 맵핑, 볼류메트릭 스리디 캡처 등, 새롭게 등장한 현란한 테크놀로지에 역사성을 구축하려다 보니 무대 조명, 장치, 의상, 특수효과를 실험했던 풀러를 불러오게 되었던 것이다. 풀러의 춤은 흰 천에 다양한 조명을 비추어 움직이는 이미지를 투사한다는 점에서 이미 영화였고, 정교한 무대장치를 통해 무용수를 복제하고 왜곡하고 변형시킨다는 점에서 이미 미디어 퍼포먼스였다. 전기요정 풀러는 이십일세기 매체 예술의 수호천사로 부활했다.

예술작품은 예술가의 것

「뱀춤」의 구불구불한 움직임은 로이 풀러의 시그너처다. 그러나 세상 사람들이 그녀의 것으로 인정했음에도 불구하고 법적으론 보호받지 못했다. 1892년 풀러와 베미스의 소송으로 돌아가 보자. 풀러의 안무 저작권 주장을 기각한 판사의 근거는 이러했다.

> 「뱀춤」은 일련의 우아한 움직임과 매력적으로 조율한 천, 조명, 그림자를 결합함으로써 움직임의 시를 묘사하지만, 캐릭터를 묘사하지도 감정을 드러내지도 않기 때문에 저작권법에 의거한 드라마적 구성(dramatic composition)이라 할 수 없다.[32]

당시 미국의 저작권법에는 '춤' 항목이 없었다. 춤에 대한 인식이 낮은 탓에, 춤을 예술적 작업으로 볼 생각조차 없었다는 뜻이다. 차선으로 선택된 '드라마적 구성'이라는 항목은 부적당했다. 이야기도, 캐릭터도, 감정도 생략된 추상적인 「뱀춤」은 드라마의 언어로 포착되지 않기 때문이다. 세간의 인기에도 불구하고, 법정에 선 「뱀춤」

은 옛날 이야기 속 황새에게 식사 초대를 받은 여우 신세를 면치 못했다. 모두가 풀러의 춤인 줄 알면서도 증명할 수 없다는 모순은, 십구세기 스토리 중심의 춤과 이십세기 추상적인 춤의 균열을 정확하게 보여준다.

풀러는 평생 소송과 특허에 매달렸다. 그녀를 싸움꾼으로 만든 건 예술가로서 인정받고 싶다는 욕구였다. 애초에 「돌팔이 의사」로 인해 「뱀춤」이 인기를 끌자 임금을 백오십 달러로 인상해 달라고 요구했을 때에도 협상의 여지가 있었다. 광고 포스터에 자기 이름을 넣어 준다면 오십 달러도 괜찮다고 제안했기 때문이다. 실리보다 명예를 택한 것이다. 허나 극장 측은 「뱀춤」이라는 제목은 포함하면서도 풀러의 이름은 끝내 넣지 않았고 소송도 불사했다.

문득 극장의 대응 방식에 의문이 든다. 한창 인기를 끌고 있는 작품을 레퍼토리에서 빼면서까지 왜 인정해 주지 않았던 것일까? '무용수의 창작물'이라는 인정이 뭐 그리 어려웠을까? 이는 이들의 젠더와 계급을 살펴보면 그 실마리가 보인다. 당시 쇼 비즈니스는 백인 남성들이 좌지우지했고, 여성 무용수는 방긋방긋 웃는 섹시한 볼거리로 소비되는 게 당연했다. 이런 판에서 여성이자 계약직인 노동자가 제 몫을 주장하거나 지키기란 어려웠다. 업계로선 당장의 이익보다도 관행과 카르텔을 깨뜨리는 게 손해라고 여겼을 것이다. 나아가 춤이란 쉽고, 저속하고, 그래서 대체가능한 것이라 보았다. 고작 치마 몇 번 흔드는 걸로 지적재산을 주장하다니, 터무니없다고 생각했을 테다. 극장 매니저들도, 심지어는 동료 무용수들도 말이다.

아무리 죽여도 계속해서 되살아나며 수를 불리는 좀비와 싸우는 게임 속 주인공처럼, 풀러는 모방자들과 싸우며 나아갔다. 「뱀춤」은 춤이 무용가의 지적 산물이고, 그래서 사회적 존중과 법적 보

개천 용의 인정투쟁

호를 받을 수 있다는 믿음이 터무니없지 않음을 증명해내려 한 발자취이다.

풀러의 패소는 아티스트로서 자각한 후대 무용가들에게 구체적인 목표를 주었다. 그리고 1952년 현대무용가 한야 홈(Hanya Holm)이 뮤지컬 「키스 미, 케이트(Kiss Me, Kate)」의 안무 저작권을 등록시키는 데 성공했다. 무용계는 드디어 춤이 사회적 가치와 예술적 역량을 인정받은 사건이라며 환영했다. 현대무용이 독립된 예술가의 창작물이라는 생각이 퍼지면서 춤에 대한 존중으로 귀결되었다는 것이다.

허나 예술작품이 예술가의 것이라는 생각은 그리 단단하지 않다. 「뱀춤」의 사례처럼 법은 새롭고도 다채로운 예술을 예측하거나 포용하기 어려우며, 예술작품의 특성에 따른 법적 구분 역시 날이 갈수록 복잡하고 모호해지고 있다. 지금도 많은 예술가들이 자신이 만든 작품의 소유권을 인정받지 못하고 있다.

2018년 미국의 팝 가수 테일러 스위프트(Taylor Swift)는 초대형 순회공연인 「레퓨테이션 스타디움 투어(Reputation Stadium Tour)」를 진행하며 「드레스(Dress)」란 곡을 로이 풀러에게 헌정했다. 풀러의 「뱀춤」을 연상시키는 무용수를 등장시킨 무대에서 그녀는 "예술가가 자기 작품을 소유하도록 투쟁하겠다"고 공언했다. 스위프트는 노예 계약 피해자의 대명사다. 2006년 열다섯 살의 나이로 계약하면서 불공정한 조약을 살피지 못한 탓에, 지금껏 발표한 여섯 장의 앨범에 담긴 노래 소유권이 그녀가 아닌 소속사에게 돌아갔다. 소속사는 저작권을 자신에게 팔아 달라는 스위프트의 요구를 무시한 채 그녀와 앙숙인 남자 프로듀서에게 마스터링 권리를 넘겼으며 그녀가 자기 곡을 마음대로 사용할 수 없도록 했다. 고의로 괴롭히는 처사다. 자식 같고 인생 같은 앨범들을 포기하고 맨땅에서 새 출발을 다짐하는 스위프트에게, 한 세기 전 풀러의 지난했던 싸움이 겹쳐 보인다.

천 휘두르기

「뱀춤」의 핵심은 운동성이다. 여성 무용수의 몸매나 성적 매력, 기교로 향했던 관습적인 시선을 거부하고, 끝없이 이어지며 변화하는 움직임 자체로 소급해 간다. 핵심은 포즈에 있는 게 아니라 포즈로 잡아낼 수 없는 변형, 그리고 그것이 자아내는 스펙터클에 있다. 이는 상징주의 예술가들이 딱딱한 대리석, 평평한 캔버스, 단단한 유리, 그리고 무형의 언어를 통해 포착하려 했던 예술적 목표였다. 「뱀춤」은 어떤 장르보다도 탁월하게 운동성을 구현했다. 말라르메는 풀러의 작품을 '시를 공연으로 만든 탁월한 형태'라 칭송했다.

　「뱀춤」에서 운동성을 극대화하는 것은 막대를 덧댄 의상이다. 수백 미터의 실크 천에 긴 막대를 덧댄 의상이 인체를 확장하는 유기적인 장치로 기능함으로써, 「뱀춤」은 본능적 차원의 미디어 퍼포먼스가 되었다. 이런 「뱀춤」의 환각적인 운동성이 소박하게나마 전승된 것은 뜻밖에도 퀴어 춤 '플래깅(flagging)'이다.

　플래깅은 1970년대 미국 게이 클럽에서 발생한 춤 양식이다. 1960년대 에이즈의 창궐로 게이 커뮤니티가 산산조각난 후 게이 클럽에선 모금 운동이 일어났고, 이러한 모임에서 부채나 깃발을 흔드는 독특한 춤 형식이 인기를 얻었다고 한다. '플래깅'이라는 단어가 지칭하듯, 짧은 막대에 천을 덧댄 소박한 깃발춤이다. 허나 하늘하늘한 천을 타이다이(tie-dye, 천을 실로 묶은 채 염료에 담가 염색하는 방법으로, 실을 묶은 모양에 따라 무늬가 나타난다) 방식으로 무지갯빛 형광염료를 이용해 물들인 후 손전등으로 조명을 비추면, 어

두운 클럽 안에서 몽환적인 효과를 자아냈다. 타이다이 염색, 무지갯빛, 환각적인 색깔까지, 지극히 직설적인 퀴어 표식이다. 흥미롭게도 거의 비슷한 형식의 깃발춤이 기독교에선 예배 무용으로 번성하고 있다는 점은, 깃발춤이 얼마나 본능적이고 효과적인 퍼포먼스인지 깨닫게 한다.

플래깅의 천은 단촐하다. 「뱀춤」의 '테이크아웃' 버전이라고 할까. 보자기 크기의 천 두 개를 양손으로 흔드니 간편하고 다채롭게 움직일 수 있다. 끊임없이 움직이는 천은 환각적이고 명상적이면서도 동시에 더할 나위 없는 스펙터클이다. 지금도 엘지비티큐(LGBTQ) 커뮤니티에선 클럽에서, 공원에서, 프라이드 퍼레이드(퀴어 퍼레이드)에서 플래깅 춤을 추며 타인과 교감한다. 자신을 표현함으로써 사회적 인정을 구하고 연대를 도모하는 인정투쟁이 무지갯빛 깃발을 타고 흐른다.

플래깅이 소꿉놀이처럼 소박하다면, 냉철하고 압도적인 깃발의 춤도 있다. 윌리엄 포사이스의 〈검은 깃발(Black Flag)〉이다. 그가 '안무 오브제(Choreographic Objects)'라고 부르는 작업물 중 하나인 이 작품은 두 대의 산업용 로봇이 거대한 깃발 두 개를 이십팔 분 동안 휘두르는 설치미술이다. 정교하게 프로그래밍된 로봇이 깃발의 움직임을 섬세하게 조율해 '춤춘다.' 아니, 춤추는 건 로봇이 아니라 깃발이다. 인간이 완전히 제거된 채 스스로 움직이는 깃발이라니, 「뱀춤」의 이데아라고 할 수 있다. 풀러가 이를 본다면 자신이 꿈꾼 것이라며 환영했을까? 매끈한 로봇이 풀러를 대체할 수 있는 것일까?

풀러는 거대한 천 더미 속에서 숨을 헐떡이며 땀 흘렸다. 풀러를 연구한 무용학자 앤 쿠퍼 올브라이트(Ann Cooper Albright)는 직접 풀러 춤을 추면서 거대한 천을 휘두르는 노동이 몸에 부과하는

윌리엄 포사이스의 〈검은 깃발〉은 「뱀춤」에서 풀러의 몸만 제거한 듯 커다란 천이 끊임없이 움직인다. 2014. (pp.94-95)

중력, 힘, 스트레스를 체험해 보았다. 겨우 이 분 움직이고도 땀범벅으로 녹초가 된 그녀는 폴리베르제르에서 매일 밤 사십오 분 동안 삼 년간 공연했다던 풀러의 스태미나와 상체 근력을 상상하며 감탄했다. 풀러의 춤은 인간적이지 않다는 비난을 쉬이 받았지만, 완벽한 기계가 아니라 완벽하지 않은 인간이 해냈기 때문에 비로소 스펙터클이 되었다. 게다가 그 주체는 여성으로서, 스펙터클이되 남성적 시선이 탐닉하는 성적 대상이 되는 것은 거부한다.

　　풀러의 「뱀춤」은 '남성이 바라보는 여성'을 애써 지우고, 여성을 자기 춤의 주체이자 주인으로 부각시켰다. 무대에서 그녀는 무용수이자 안무가, 기술감독, 연출가, 행정가로서 자기 춤을 장악했다. 또한 뤼미에르, 멜리에스, 에디슨 등 백인 남성들이 영화를 실험하던 시대에 풀러는 영화감독의 피사체로 남던 당대 유명 무용가들과는 달리 자신이 직접 영화를 찍었다.[33] 풀러의 삶은 여성 공연자로, 무용수로, 안무가로 인정받기 위한 겹겹의 투쟁이었고, 「뱀춤」은 그 투쟁으로 만신창이가 된 영광이었다.

해외시장을 공략한 맞춤 기획 상품

미하일 포킨의「불새」

'러시아 수출품'이라는 도장이 모든 곳에 찍혀 있는 듯했다. 무대에
도, 음악에도.[34]
— 이고르 스트라빈스키

발레단을 운영하는 것은 마치 코끼리 한 마리를 키우는 것과 같아
서, 폼은 나지만 유지가 어렵다. 따라서 전막 공연을 할 수 있는 대
규모의 인력과 시설, 자원을 갖춘 발레단은 왕실이나 국공립 기관의
후원 없이는 사실상 존립이 불가능하다. 본디 화려한 볼거리를 통해
부와 권력을 과시하는 데서 출발했던 발레는 이처럼 처음부터 경제
성과는 거리가 멀었다.

　　때문에 문화를 하나의 콘텐츠로 보고 이를 경제의 논리로 환원
하는 오늘의 관점에서 볼 때 발레단과 거리가 먼 단어 중 하나가 스
타트업일 것이다. 그런데 한 세기 전 매우 성공적인 스타트업 발레
단이 있었다. 바로 러시아의 흥행사 세르게이 디아길레프가 조직한
발레 뤼스이다. 1909년에 결성되어 1929년 디아길레프가 사망할
때까지 이십 년간 존속한 발레 뤼스는 발레의 모더니즘을 구축하고
예술적 혁신의 구심점이 되었다. 무용수도 아닌 한 개인이 만든 신

「불새」 초연에서 불새 역의 타마라 카르사비나. 고전발레의 여느 여주인공과는 달리 튀튀를
입지 않고 남자와 사랑에 빠지지도 않는 불새는 신묘한 자연의 힘을 상징한다. 초연 때
스트라빈스키의 생소한 음악을 싫어했던 안나 파블로바 대신 카르사비나가 불새 역을 맡아
신비롭고 영험한 캐릭터를 창조하며 공연을 성공시켰다. 1910.

생 단체가 문화예술계를 뒤흔들었다는 것, 탄탄한 후원도 없이 민간 단체가 일차대전이라는 재난 이후에 살아남아 세계적으로 활동했다는 것은 놀라운 일이다. 여기엔 열정으로 뭉친 이들의 노력과 기민한 사업 감각이 작용했다. 바로 스타트업의 정신이다. 그리고 디아길레프와 뜻을 함께 했던 이들이 해외시장을 겨냥해 내놓은 대표적인 기획 상품이 「불새(L'Oiseau de feu)」(1910)이다.

'러시아적인 것'

「불새」는 '러시아적인 것'을 전면에 내세운 작품이다. 발레의 역사에서 이국적인 것에 대한 탐닉은 루이 14세 시대까지 너끈히 거슬러 올라가지만, 타국의 관객을 겨냥해 자신의 민족적 정체성을 상품화한 발레 작품은 「불새」가 처음이다. 「불새」는 발레 뤼스의 두번째 시즌인 1910년 6월 25일 파리 오페라극장에서 초연되었다. 1909년의 첫 시즌에서 발레 뤼스가 「레 실피드」「장미의 정(Le Spectre de la Rose)」 등의 작품을 선보이자, 파리 관객들은 이들의 세련되고 수준 높은 작품에 열광하면서도 한편으론 민족적인 색채가 부족하다고 평가했다. 이는 어불성설이다. 왜냐하면 발레는 러시아의 근대화 및 서유럽화를 위한 하나의 전략으로 도입되었고, 따라서 러시아인에게 발레란 서유럽 문화 그 자체였기 때문이다. 하지만 서유럽에서 러시아는 멀고 먼 야만의 땅, 이국적이고 동양적이며 원초적인 문명이었고, 서유럽인들은 러시아 발레에서 프랑스적인 세련됨이 아니라 그들이 상상했던 러시아를 보고 싶어 했다. 기민한 흥행사였던 디아길레프는 다음 시즌의 목표를 파리 관객들이 원했던 '러시아풍'으로 삼았으며, 이를 위해 작곡가 아나톨리 랴도프(Anatoly Lyadov)에게 작곡을 의뢰하며 아래의 편지를 보냈다.

해외시장을 공략한 맞춤 기획 상품

저는 '발레'가 필요하고 '러시아적인' 발레가 필요합니다. 그런 것은 그동안 없었기 때문에 '최초의' 러시아 발레이겠지요. 러시아 오페라, 러시아 교향곡, 러시아 노래, 러시아 춤, 러시아 선율은 있지만 러시아 발레는 없습니다. 그리고 그것이 바로 (파리의 그랑오페라극장과 런던의 거대한 드루리레인왕립극장에서 내년 오월에 공연하기 위해) 제가 필요로 하는 것입니다. 3막짜리 작품일 필요 없습니다. 대본은 준비되어 있습니다. 포킨이 가지고 있어요. 그것은 우리 모두의 집단 창작품입니다. 바로 1막 2장이 될 발레 「불새」입니다.35)

세르게이 디아길레프. 법률을 공부했으나 예술에 조예가 깊었던 그는 러시아의 지식인, 예술가들을 모아 1898년 『미르 이스쿠스트바』라는 잡지를 간행했으며, 이들을 중심으로 1909년 발레 뤼스를 창설했다.

「불새」는 '예술경영'이라는 용어가 생기기도 전에 시장조사를 바탕으로 기획된 글로벌 문화상품이다. 그러나 동시에 디아길레프가 '우리'라고 칭했던 이들의 신념과 열망을 담은 집단 창작물이었다. 디아길레프는 1898년 '예술세계'라는 뜻의 『미르 이스쿠스트바(Mir Iskusstva)』라는 잡지를 창간해 알렉산드르 브누아(Alexandre Benois), 레온 박스트(Leon Bakst) 등 개혁적 성향의 예술가들과 함께 운영한 바 있는데, 이들은 발레 뤼스의 핵심 멤버가 되어 서유럽에 러시아의 예술을 선보이겠다는 목표를 공유했다. 발레 뤼스가 탄생했을 때는 피의 일요일을 비롯해 차르가 지배하던 억압적인 군주 체제에 균열이 가던 시기였다. 발레 뤼스의 협업자들은 황실 친화적이고 관료주의적인 황실극

의상 디자이너 레온 박스트의 「불새」 그림. 박스트의 화려한 디자인과 이국적인 색감은 서유럽 관객을 사로잡았다. 1915.

해외시장을 공략한 맞춤 기획 상품

장으로부터 벗어나 러시아인으로서의 자의식을 담아내고 예술적 혁신을 이루기를 꿈꾸었다.

「불새」는 미하일 포킨(Mikhail Fokine, 1880–1942) 안무, 이고르 스트라빈스키(Igor Stravinsky) 작곡, 알렉산드르 골로빈(Aleksandr Golovin)의 무대와 의상, 레온 박스트의 의상디자인으로 초연되었다. 1909년의 첫 시즌 직후 발레 뤼스는 일종의 위원회를 조직했으며, 긴밀한 공동 작업을 통해 「불새」의 대본과 세부 사항이 구체화되었다. 민속학자 알렉산드르 아파나시예프(A. N. Afanasyev)가 수집했던 러시아 민담들을 짜깁기하고, 서유럽 관객들이 원하는 '러시아적인 것'을 구현했다. 서유럽 관객들은 토속적인 러시아 미술에 대해 '야만적이고 유치하고 절대 이해 불가능'[36]하다고 거부

「불새」에서 마법사 코스체이 역을 맡은 엔리코 체케티. 존경받는 발레 교육자인 체케티는 1911년부터 1928년까지 발레 뤼스에서 무용수이자 발레마스터로 활약하며 무용수들의 기량을 향상시켰다. 1910년대.

감을 보였기에 디아길레프와 그의 측근들은 러시아적인 것을 세련되고 코스모폴리탄적인 고급 취향으로 바꾸는 데 적극적이었다. 포킨이 대본 작업부터 꼼꼼하게 참여했고, 늑장 부리는 작곡가 랴도프 대신 신예 작곡가 스트라빈스키가 투입되었다. 황금색과 붉은색을 섞는 과감한 색 조합과 토착적 음향을 반영한 선율, 그리고 튀튀 대신 러시아의 전통 튜닉과 동양식 바지를 입은 무용수들은 창작자와

관객 모두가 원하던 '러시아적인 것'을 구현했다.

기묘한 새

발레에는 유독 새가 많이 등장한다. 백조, 흑조, 파랑새, 카나리아 등은 인간과 사랑에 빠지거나 인간을 유혹하거나 인간에게 축복을 내리는 존재이다. 발레가 동화적인 소재와 상승하는 움직임을 두 축으로 삼아 왔다는 점에서 새는 발레에 최적화된 캐릭터라 할 수 있다. 그런데 불새는 위의 새들과는 조금 다르다. 여성형이지만 나긋나긋하거나 사랑스럽지 않고, 완벽히 선하지도 악하지도 않으며, 인간에게 쉽게 잡히지만 악을 다스리고 자연을 지배한다. 한마디로 쉬이 사랑하거나 미워할 수 없기에 불새는 두려움과 경외의 대상이다.

「불새」는 러시아 민담에서 자주 등장하는 '이반(Ivan)'이라는 차레비치(Tsarevich, 차르의 아들)가 황금 사과를 먹던 불새를 붙잡는 장면으로 시작된다. 이반에게 잡힌 불새는 황금 깃털을 이반에게 주며 미래에 위기가 찾아오면 도와 줄 것을 약속한다. 이반은 사악한 마법사 코스체이(Kostchei)에게 사로잡힌 공주 무리를 만나고 그중 차레브나(Tsarevna) 공주와 사랑에 빠진다. 코스체이의 무리가 이반을 돌로 만들려 했으나, 이반은 불새의 도움으로 코스체이의 영혼이 담긴 알을 깨트림으로써 마법을 푼다. 불새의 승인 하에 이반과 차레브나가 결혼식을 올리며 왕위에 등극한다.

마법에 빠진 공주를 왕자가 구하는 이야기라니 너무나 익숙한 설정이다. 게다가 여성 새와 남성 인간의 만남이라는 점에서 언뜻 「백조의 호수」와도 닮았다. 그러나 막상 두 작품을 겹쳐 보면 차이점이 확연히 드러난다. 우선 작품이 시작하자마자 발레에서 가장 중요한 남녀의 이인무인 '파 드 되(pas de deux)'가 등장한다. 고전발

해외시장을 공략한 맞춤 기획 상품

레에서는 극이 무르익을 때 남녀 주역 무용수가 추는 '그랑 파 드 되 (grand pas de deux)'가 필수적으로 삽입되곤 했는데, 이는 남녀가 함께 추는 아다지오, 각자의 기량을 과시하는 바리아시옹, 그리고 빠른 템포로 함께 마무리 하는 코다(coda)로 구성된다. 이런 전통에 비교했을 때 「불새」의 파드되는 어쩐지 생뚱맞다. 왕자와 공주가 아니라 왕자와 불새가 춤춘다. 인간과 새는 춤을 통해 사랑에 빠지는 것이 아니라 서로를 지배하기 위해 몸부림치며, 그들의 파드되는 아다지오, 바리아시옹, 코다를 구분하지 않은 채 진행된다. 막상 공주는 튜닉 차림에 긴 머리를 늘어뜨린 채 토슈즈를 신지도 않고 민속적인 동작을 가볍게 행한다. 프티파의 고전발레에선 상상할 수 없는 일탈이지만 실은 면밀히 계획된 혁신이다.

혁신의 꿈

무용학자 샐리 베인즈는 '결혼 플롯'이 서양의 예술춤을 관통하는 대주제라고 표현한 바 있다. 「불새」는 왕자와 공주의 결혼식으로 끝맺는다는 점에서 결혼 플롯에 완벽히 부합하지만, 정작 이야기의 초점은 남녀의 사랑보다는 악의 소멸과 새로운 사회체제의 설립, 그리고 이를 인정하는 자연의 힘이자 러시아적인 힘에 있다. 창작자들은 설화적인 불새 이야기에 오랜 적폐에서 벗어나 사회적 주체로 각성한 러시아인들이 새로운 삶을 영위하는 세상을 투영했다.

　개혁 정신은 발레 뤼스 무용가들에게도 뼛속 깊이 새겨져 있었다. 바츨라프 니진스키, 안나 파블로바, 타마라 카르사비나(Tamara Karsavina), 조지 발란신 등, 오늘날 전설로 남은 이들은 상트페테르부르크 황실발레학교 출신임에도 불구하고 평생고용이 보장된 황실극장에 안주하지 않고 신생 발레단에 운명을 걸었다. 오늘로 치면

「불새」속 이반(미하일 포킨)과 불새(타마라 카르사비나)의
이인무. 불새와 이반의 이인무는 사랑이 아니라 다툼과
권력관계를 드러낸다는 점에서 독특하다. 1910.

명문대를 나와 대기업에 취직하는 대신 스타트업 회사에 합류한 셈이다. 그 추동력은 발레의 개혁이고, 구심점엔 미하일 포킨이 있었다.

황실발레단에서 포킨은 뛰어난 무용수이자 촉망받는 안무가였지만 발레 개혁을 위해 무용단의 수뇌부와 각을 세웠다. 포킨의 개혁은 상식적이었다. 한마디로 발레를 '말이 되게끔' 만들려 했던 것이다. 왜 프리마 발레리나(주역을 맡는 여성 무용수)는 무슨 작품이든 상관없이 장신구로 치장하고 나오는가? 언제부터 농민의 무리가 정렬해 춤추었단 말인가? 결국 포킨의 주장은 작품의 시대배경 및 배역에 맞는 의상을 입고, 적절한 움직임으로 주제를 표현하며, 음악과 동작, 미술이 서로 연관되게 하자는 것이었다. 어떻게 보면 당연한 상식이지만, 막상 잘 지켜지지 않았다.

「불새」는 포킨이 염원했던 '상식'이 잘 반영된 작품이다. 3막, 4막의 장황한 전막 발레보다는 응축된 단막 발레를 통해 전개에 불필요한 부분들을 생략했고, 주역 무용수가 바리아시옹으로 테크닉을 과시하지도 않으며, 동작이 끝난 후에 여러 번 인사하느라 진행이 중단되지도 않는다.(포킨은 「장미의 정」에서 니진스키의 도약이 유명해지자 이 동작을 넣은 것을 후회했다고도 한다.) 춤과 마임이 유

해외시장을 공략한 맞춤 기획 상품

기적으로 결합된 움직임은 인물들의 특성을 표현하고 줄거리를 전개한다. 도드라지는 춤이 없는 대신 무용수들은 이질적이고도 자율적으로 행동하는, 살아 있는 개개인으로 존재한다.

그래서일까, 오늘날 발레계에서 「불새」의 존재감은 미약하다. 온갖 새들이 모여드는 발레 콩쿠르나 갈라 공연에서 「불새」를 찾아보기는 힘들다. 불새의 바리아시옹에는 흑조의 서른두 바퀴 푸에테나 파랑새의 연속 브리제 볼레(brisé volé, 공중에서 두 다리가 만나는 동작을 앞뒤로 번갈아 행하는 동작)처럼 경탄할 만한 테크닉이 없기 때문일 것이다. 게다가 「백조의 호수」에서와 같은 압도적인 칼군무나 다채로운 볼거리를 제공하는 디베르티스망도 없기에 「불새」는 클래식 발레단의 단골 레퍼토리도 아니다. 포킨은 발레가 상식을 포용하길 바랐지만, 현대의 관객 역시 '그럼에도 불구하고 사랑할 수밖에 없는' 비상식의 세계를 사랑했다.

글로벌 문화콘텐츠의 성패

거대 자본이 투입되어 면밀히 기획된 블록버스터 영화가 흥행에 참패한 경우가 왕왕 있듯이 문화콘텐츠의 성패는 예측하기 어렵고 글로벌 마켓에선 더욱 그러하다. 「불새」는 1910년 초연 당시엔 파리 관객들로부터 많은 사랑을 받았지만, 불과 육 년 후인 1916년에는 발레 뤼스를 그토록 기다려 온 미국 관객들로부터 외면당했다. 「불새」는 첫 미국 투어의 개막작이자 주요 레퍼토리로서 "발레 뤼스가 의미하는 모든 것에 대한 본질적인 전형"[37]이 될 것이라 기대를 모았다. 그런데 스포트라이트는 또 다른 개막작이던 「세헤라자데(Scheherazade)」에 쏟아졌다. 하렘을 배경으로 한 이국적인 이야기, 강렬한 색감에 노출이 많은 의상, 특히 인종 간의 성교 묘사로 보수

미하일 포킨의 손녀
이자벨 포킨(Isabelle
Fokine)과 안드리스
리에파(Andris Liepa)가
1994년에 복원한
「불새」 공연의 커튼콜.
마린스키발레단. 2013.

적인 미국 사회가 뒤집어졌다. 가톨릭 운동단체가 항의하고 경찰이
작품의 일부 장면을 삭제하는 등의 해프닝이 벌어지는 사이 「불새」
는 빠르게 잊혀졌다.

「불새」가 다시금 미국 무대에 등장한 것은 1945년, 발레 뤼스
의 마지막 안무가였던 조지 발란신에 의해서였다. 미국에 정착한
러시아 이민자 예술가인 스트라빈스키, 발란신, 마르크 샤갈(Marc
Chagall)은 미국의 신생 발레단인 뉴욕시티발레단을 위해 「불새」를
개작했다. 그런데 발란신의 「불새」의 길이는 원작의 반토막인 이십
구 분이다. 게다가 사실적이고 토착적인 무대미술은 샤갈의 몽환적
인 그림으로 대체되었다. 이야기의 논리는 추상화하고 오직 불새의
춤만이 남았다. 드라마의 총체성을 강조했던 포킨과는 정반대의 방
향으로 나아간 것이다.

해외시장을 공략한 맞춤 기획 상품

다른 안무가들 역시 크게 다르지 않았다. 1982년 존 타라스 (John Taras, 댄스시어터오브할렘)는 작품의 배경을 러시아에서 또 다른 이국적 배경인 정글로 대체했다. 2007년 모리스 베자르(Maurice Béjart, 앨빈에일리아메리칸댄스시어터)는 군복 차림의 남성 군무를 연출해 혁명과 부활의 알레고리로 추상화했다. 2012년 알렉세이 라트만스키(아메리칸발레시어터)는 공주 무리를 토슈즈에 초록색 칵테일 드레스를 입은 발랄한 소녀들로, 코스체이는 새틴 연미복을 입은 악당으로 변신시켰다.

오늘날의 불새는 변종으로 진화했다. 발레 뤼스의 협업자들이 꿈꾸었던 '러시아적인 것'의 색채가 철저히 벗겨졌고, 포킨이 주장했던 '상식'도 퇴색했다. 그러나 이를 마냥 유행 지난 상품으로 치부할 수는 없다. 「심청」(유니버설발레단, 1986)이나 「왕자호동」(국립발레단, 1988)과 같은 민족적 발레들의 융성, 나아가 컨템퍼러리 안무가들의 발레 형식에 대한 성찰과 실험은 「불새」가 사그라진 토양에서 시작되었기 때문이다.

망각에서 소환된 자

바츨라프 니진스키의 「봄의 제전」

정말이지 나는 '우아함'이라는 단어가 끔찍해지기 시작했다. '우아함'
과 '매력' 때문에 멀미가 난다…. 나 자신의 성향은 '원시적'이다.[38]
─바츨라프 니진스키

바츨라프 니진스키(Vaslav Nijinsky, 1889–1950)의 「봄의 제전(Le
Sacre du printemps)」의 생은 짧고 불행했다. 1913년 5월 29일 파리
샹젤리제극장에서 초연되었을 때 관객들은 극도로 동요했다. 듣도
보도 못한 불협화음과 변화무쌍한 박자, 거칠고 원시적인 발구르기
가 쏟아졌기 때문이다. 예술적 혁신에 열광하던 파리지앵들조차 역
겹고 동물적이라고 비난했다. 성난 관객들이 고함을 지르고 욕설을
퍼붓고 의자를 던지자 결국 경찰이 출동했다. 평론가들은 이 춤을
'봄의 학살'이라고 폄하했다. 백이십 회 이상의 리허설을 거쳐 완성
되었던 작품이 파리와 런던에서 단 팔 회 공연된 후 사라져 버렸다.

    탄생을 축복받지 못하고 죽음은 빨랐던 춤, 공연예술사에서 이
토록 철저히 생을 부정당한 작품도 드물리라. 그 응축된 부정과 혐
오는 어디에서 왔을까. 단지 낯선 음악과 움직임 때문은 아닐 테다.
스타의 작은 언행에 지나치게 노여워하는 골수팬처럼, 천재 니진스

키에게 제멋대로 걸었던 기대가 배신당했기
때문은 아닐까.

　　예술 분야마다 천재의 대명사 격인 이들
이 있다. 회화에 고흐, 음악에 모차르트가 있
다면 무용에는 니진스키가 있다. '춤의 신'이
라 불렸던 이. 한번 뛰어오르면 관객들이 두리
번거릴 만큼 공중에서 머물렀다는 이. 금기를
깨뜨리고 관습을 부정한 이. 알 수 없는 말들
을 휘갈긴 일기를 남기고 정신요양원에서 생
을 마감한 이. 광기 어린 천재로서 니진스키
에 대적할 만한 이는 평생 딱 한 점의 그림을
팔았으며 자기 귀를 자른 고흐밖에 없을 듯하
다. 그런데「봄의 제전」 초연 당시의 무자비한
야유는 '천재 니진스키'라는 찬사에 비해 너무
가혹해 보인다.

연습복 차림의 바츨라프 니진스키. 테크닉과 감각,
동물적이고도 양성성의 매력을 모두 갖춘 그는
'춤의 신'이었다. 1908.

　　천재는 숭배될지언정 이해받지 못한다.
사람들은 천재의 비범한 면모에 감탄할 뿐 그의 내면을 들여다보는
데는 무관심하다. 또한 사람들이 추앙했던 천재는 무용수 니진스키
였지 안무가 니진스키가 아니었다. 니진스키는「봄의 제전」을 통해
안무가로서 각성했으나 이는 곧 스타 발레리노 니진스키의 몰락을
초래했다.「봄의 제전」은 그의 커리어를 무너뜨렸고, 그의 인생마
저 무너뜨렸다. 니진스키의 전기 작가 리처드 버클(Richard Buckle)
은 그의 생애를 "십 년은 자라고 십 년은 배우고 십 년은 춤추고, 그
리고 나머지 삼십 년은 암흑 속에 가려진 육십 평생"[39]이라 요약했
다. 니진스키는 전성기 이후에도 삼십 년을 더 살았지만 정신요양원
에 갇힌 땅딸막한 중년 남성에게 관심을 기울이는 이는 없었다. 그

리고 그가 죽자, 마치 기다렸다는 듯이 그에 대한 책과 영화가 봇물처럼 쏟아져 나왔다. 고흐가 죽은 후에 그림값이 천정부지로 올랐듯 또 하나의 '전설'이 그제야 완성된 것이다.

천재의 탄생

1890년 키예프의 폴란드 무용가 집안에서 태어난 니진스키는 상트페테르부르크의 황실발레학교 시절부터 신동으로 소문났고, 졸업 후 발레단에 코리페(coryphée, 군무의 리더) 등급으로 입단하자마자 프리마 발레리나였던 마틸드 크셰신스카의 파트너로 춤추었다. 한마디로 무용수로서 탄탄대로가 보장되었던 것이다. 그런데 디아길레프와의 만남은 그의 인생을 우여곡절의 드라마로 이끌었다. 당시 러시아에는 발레무용수가 상류층의 성적 파트너로 활동하는 사례가 빈번했고, 남자 역시 예외가 아니었다. 니진스키는 파벨 리보프(Pavel Lvov) 왕자의 파트너가 되었으며, 이후 전화 한 통으로 디아길레프에게 소개되어 그의 파트너가 되었다. 이때 니진스키가 열아홉, 디아길레프가 서른다섯이었다. 디아길레프의 지도 하에 니진스키는 미술관, 교회, 유적지를 방문하고 전 유럽의 음악가, 화가, 작가들을 만나며 예술가로 성장했다.

세르게이 디아길레프는 러시아 문화예술계의 핵심 인물로서 러시아의 오페라와 회화를 서유럽에 소개했다. 디아길레프가 1909년에 조직한 발레 뤼스는 고전발레의 전통 위에 예술적인 혁신과 러시아적인 정체성을 구현했다. 처음부터 서유럽을 겨냥했던 발레 뤼스는 화려하고 이국적인 시각디자인과 대담하고 관능적인 움직임으로 돌풍을 일으켰고, 니진스키는 뛰어난 테크닉과 동물적인 감각, 그리고 양성애적인 매력으로 일약 스타가 되었다. 낭만발레 이후 발레가 쇠퇴한 서유럽에서 '춤의 신'이 발레를 문화예술의 최전선으로 끌어내고 발레리노의 무너진 지위를 재건했다.

예술적 각성이 불러 온 파국

무용수로서의 명성이 최고조에 달했을 때 니진스키는 안무를 시작했다. 1912년과 1913년 사이에 디아길레프의 격려를 받으며 「목신의 오후(L'Après-midi d'un faune)」「유희」「봄의 제전」을 잇달아 발표했다. 그러나 어느 하나도 인정받지 못했다. 십일 분짜리 작품인 「목신의 오후」는 님프가 남기고 간 스카프에 목신이 성적으로 흥분하는 내용이다. 목신과 님프의 각지고 이차원적인 움직임은 우아함과 곡선을 생명으로 하는 발레에 정면 도전했지만, 무대 위에서 자위하는 니진스키의 충격적 이미지만 가십거리로 소비되었다. 「유희」는 테니스를 소재로, 한 남성과 두 여성 간의 미묘한 불장난을 다루었는데 '원숭이 수준의 똑똑함'이라고 혹평받았다. 「봄의 제전」은 더욱 심하다. 불협화음과 불규칙한 리듬, 거칠고 원시적인 춤이 고조될 뿐, 관객이 기대했던 스타 발레리노 니진스키는 등장하지도 않았다. 관객들은 욕설을 퍼부으며 의자를 던졌다. 스타 발레리노는 예술가로 각성했으나, 그 결과는 대중들이 바라던 바가 아니었다.

　니진스키의 동료들 역시 그를 인정하지 않았다. 그와 작업한 작곡가인 드뷔시나 스트라빈스키는 공개적으로 니진스키를 비판했으며, 이는 니진스키에게 큰 상처를 주었다.(스트라빈스키는 한참 후에야 안무가 니진스키를 인정했다.) 아카데믹 발레로 훈련된 무용수들은 정형화한 발레가 아닌 불편한 동작을 강요하는 지난한 리허설에 강한 거부감을 표출했다. 믿었던 디아길레프마저 잇단 흥행 실패에 몸을 사리며 니진스키가 맡기로 약속된 작품을 다른 이에게 넘겼다. 심지어는 발레 뤼스의 다음 시즌을 성사시키기 위해 그가 춤추지 않아야 한다는 조건 또한 제시되었다.

「봄의 제전」 이후 스트라빈스키와 니진스키의 궤적은 대조적이다. 초연 이듬해의 「봄의 제전」 연주회는 호평을 받았고, 스트라빈스키는 일찌감치 현대음악의 거장으로 인정받았다. 그러나 니진스키는 「봄의 제전」 이후 걷잡을 수 없이 무너졌다. 그는 디아길레프의 속박에서 벗어나고자 남미 공연 일정 중에 말도 통하지 않던 로몰라 드 풀츠키(Romola de Pulzky)라는 헝가리 무용수와 충동적으로 결혼했고, 이에 분노한 디아길레프는 그를 해고했다. 이후 니진스키가 예술감독 및 기획자로 꾸린 공연은 비참할 정도로

왼쪽부터 순서대로 디아길레프, 니진스키, 스트라빈스키의 모습. 「봄의 제전」에서 니진스키는 안무가로, 스트라빈스키는 발레 작곡가로 데뷔했다. 연도 미상.

실패했고, 아내의 모국을 방문했다가 일차대전이 발발하는 바람에 전쟁포로로 억류되기도 했다. 결국 오스트리아 황제, 스페인 국왕, 심지어 교황까지 나서서 중재한 끝에 니진스키가 풀려날 수 있었다. 예술적, 육체적, 재정적 위기가 그를 광기로 몰아넣었다. 1920년에 디아길레프가 「봄의 제전」의 재공연을 추진했을 때 안무는 이미 소실되었고 니진스키는 정신요양원에 수용되었다.

「봄의 제전」이 이룬 것들

「봄의 제전」은 늙은 현자를 중심으로 둥글게 모여 앉은 이교도들이 젊은 처녀가 죽음에 이를 때까지 춤추는 모습을 지켜보는 이미지에

망각에서 소환된 자

서 탄생했다. 이 이미지는 스트라빈스키와 고대 슬라브 문화에 정통
했던 화가 니콜라이 레리흐(Nikolai Rerikh)가 구상했는데, 스트라
빈스키의 음악은 타악기 소리가 불규칙하게 휘몰아치고 레리흐의
무대장치는 황량하며 투박하다. 1부 '대지에의 찬양(L'Adoration de
la terre)'에서 삼삼오오 모인 무용수들은 다양한 원시적 제의를 묘사
하고, 2부 '희생(Le Sacrifice)'에서는 풍요와 다산을 위해 신에게 처
녀를 제물로 바친다. 잠든 대지와 생명력을 깨우는 봄의 의식은 문
명사회 속에서 잊힌 원초적 욕망을 드러낸다. 무용수들은 남녀 구
분이 없는 의상을 입고 무표정한 얼굴에
구부정한 자세, 각진 팔과 안짱다리인 채
로 발을 굴렀다. '선택된 자'는 옥죄어 오
는 커다란 원 속에서 한참을 우두커니 서
있다가 느닷없이 발작적으로 뛰어오르며
자신을 죽음으로 몰아간다.

　「봄의 제전」에서 니진스키는 자신을
천재로 등극시킨 발판을 모두 걷어차 버
렸다. 고전발레의 아름답고 세련된 춤의
원리, 발레 뤼스의 관능적이고 이국적인
매력은 사라졌다. 무용수들은 상승하는
대신 거친 발걸음으로 땅을 굴렀다. 개인
의 매력과 개성은 억제되고 집단의 응축
된 힘이 강조되었다. 니진스키는 인간 집
단의 본성을 차가운 시선으로 관찰했고,
이미 규정된 동작 어휘들을 재조합하는
대신 완전히 새로운 동작으로 이를 형상
화했다.

슬라브 원시예술과 고고학에 정통한 화가 니콜라이
레리흐가 디자인한 「봄의 제전」의 의상 디자인. 러시아
예술을 후원한 테니셰바 공주가 수집한 전통 의복을
충실히 반영했다. 1913.

안무가 니진스키를 몰락시켰던 바로 그 특질들로 인해 오늘날 이 작품이 모더니즘의 시초로 추앙된다는 점은 역설적이다. 무엇보다도 「봄의 제전」은 발레를 아름다움으로부터 해방시켰다. 발레는 거창하게는 대칭, 조화, 균형, 비례와 같은 아름다움의 원리를 드러내고, 속물적으로는 여성의 아름다움을 과시해 왔다. 어떤 순간에도 아름다움은 발레의 디엔에이(DNA)에 깊이 새겨져 있었다. 그런데 「봄의 제전」은 발레가 아름답지 않아도 된다고 웅변하는 것과 같았다. 발레를 부정하며 탄생한 모던댄스도 이만큼 추(醜)를 전면에 내세우진 못했던 때였다. '우아함에 맞선 죄'[40]를 범한 니진스키는 천동설을 뒤엎은 코페르니쿠스처럼 춤의 패러다임을 바꾸어 놓았다.

섭리를 거슬러 부활시킨 신화

「봄의 제전」은 그 주인을 꼭 닮은 작품이다. 시끌벅적한 등장과 경멸 섞인 평가, 그리고 박제된 신화의 무한한 자가증식까지도. 다른 점이 있다면 정신요양원에서 서서히 잊혀 간 니진스키와는 달리 「봄의 제전」은 망각에서 깨어났다는 것이다. 흔히 춤은 사라짐의 예술이라고 하지만 전설을 소유하고픈 후대 사람들의 욕망이 사라져 버린 춤을 다시 소환했다.

니진스키의 「봄의 제전」은 1913년 초연 당시 십 회도 공연되지 못하고 사라졌다.[41] 그렇다면 니진스키의 안무는 어떻게 사라진 걸까? 사라지긴 한 걸까? 니진스키가 안무할 때 안무 노트를 사용했다는 목격담, 이듬해 그가 포로로 잡혀 있던 동안 「봄의 제전」을 자신만의 움직임 기록법으로 남겼다는 증언, 안무작이 모두 네 개뿐인 그가 「목신의 오후」는 기록하면서 「봄의 제전」은 기록하지 않을 리 없다는 추측, 심지어는 안무 노트가 어느 아카이브엔가 보관되었다는 루머가 오늘날까지도 떠돈다.[42] 복원주의자들은 안나 파블로바의 「빈사의 백조」처럼 「봄의 제전」이 어느 날 자료 보관소의 다락에서 먼지를 뒤집어쓴 채 발견되리라는 희망을 놓지 않는다. 허나 기록은 여태까지도 발견되지 않았고, 그와는 상관없이 「봄의 제전」은 제멋대로 뿌리를 내리고 가지를 뻗어 나갔다.

　시작은 디아길레프였다. 1920년, 그러니까 니진스키가 요양원에 가자마자 디아길레프는 「봄의 제전」을 재공연하기로 결정했다. 초연의 격한 반응이 가라앉자 관객들의 태도가 바뀌었음을 알아차린 것이다. 니진스키의 수모가 영광으로 탈바꿈할 기회였지만 니진스키와 절연한 디아길레프는 발레 뤼스의 후속 안무가인 레오니드 마신(Léonide Massine)에게 재안무를 맡겼고, 마신의 「봄의 제전」은 발레 뤼스의 인기 레퍼토리로 자리잡았다. 마신의 버전이 이후 여러 재해석작의 토대가 되면서 니진스키의 흔적은 순리보다도 빠르게 지워졌다. 생각해 보면 겨우 칠 년이 지났을 뿐인데 완전히 사라져 버렸으니, 디아길레프에 의해 본진에서 배반당한 셈이다.

　스트라빈스키의 격동하는 불협화음과 공동체를 위해 개인을 희생시킨다는 원시적 주제는 이후로도 숱한 안무가들을 매혹시켰다. 세계적인 안무가 이름을 떠오르는 대로 말해 보자. 한스 판 마넨(Hans van Manen), 마사 그레이엄, 폴 테일러(Paul Taylor), 피나 바우슈, 모리스 베자르, 존 노이마이어, 제임스 쿠델카(James Kudelka), 자비에 르 루아(Xavier Le Roy), 마리 슈이나르(Marie Chouinard), 테시가와라 사부로(勅使川原三郎), 앙줄랭 프렐조카주(Angelin Preljocaj), 테로 사리넨(Tero Saarinen) 등, 수많은 대가들이 「봄의 제전」을 재해석하기 위해 경합을 벌였다. 지금껏 백오십 편 이상의 재해석 작품이 등장했다고 하니 이쯤 되면 「봄의 제전」은 안무에 뜻을 세운 자라면 진지하게 도전해야 할 통과의례라 할 수 있다.

이고르 스트라빈스키의
「봄의 제전」 악보.
니진스키의 조수이자
리허설 감독으로 활약한
발레무용수 마리
램버트가 악보 위에
안무에 대한 메모를 남겨
놓았으며, 이는 복원
작업에서 중요한 단서가
되었다. 1913년경.

　「봄의 제전」의 국제적 스핀오프는 마침내 니진스키의 원작마
저 부활시켰다. 1987년 미국의 무용학자 밀리센트 호드슨(Millicent
Hodson)이 미술사가 케네스 아처(Kenneth Archer)와 함께 조프리
발레단에서 니진스키의 「봄의 제전」을 복원한 것이다. 1971년 조프
리 발레단의 단장인 로버트 조프리(Robert Joffrey)와 호드슨의 사적
인 대화에서 시작된 이 작업은 꼬박 십육 년이 걸렸다. 스트라빈스

망각에서 소환된 자

밀리센트 호드슨과 케네스 아처가 사진, 스케치, 리뷰, 메모, 증언 등을 면밀하게 분석해 복원한 「봄의 제전」. 우두커니 서 있는 선택된 자의 주변으로 이교도들이 발을 구르며 의식을 거행하고 있다. 폴란드국립발레단. 2011.

망각에서 소환된 자

원시시대의 황량한 고원을 배경으로 펼쳐지는 「봄의 제전」의 1부 '대지에의 찬양'. 천년간 전해 내려온 고대 슬라브 원무(圓舞) 의식인 '호로보드(Khorovod)'를 반영한 장면에서 젊은 남녀들이 발을 구르며 춤춘다. 핀란드국립발레단. 2013.

키가 악보 위에 휘갈겨 놓은 움직임 기록, 관객이 객석에서 연필로 그린 스케치, 리허설 감독이었던 마리 램버트(Marie Rambert)가 악보에 기록해 둔 메모 등 다양한 사적 기록물과 인터뷰를 바탕으로, 수년간의 연구와 고증을 통해 근거있는 유사품이 등장한 것이다. 학술적 인증과 비평적 인정 속에 「봄의 제전」은 저승에서 돌아와 마린스키발레단 등 세계적인 발레단의 레퍼토리가 되었다.

망각에서 소환된 「봄의 제전」은 무용학적 쾌거이고 무용계의 보물이다. 그런데 사라진 춤을 근사치로 볼 수 있다는 것은 우리에게 어떤 의미일까. 심지어 디브이디와 유튜브를 통해 언제 어디서든 우리는 「봄의 제전」을 볼 수 있게 되었다. 더께를 걷어낸 시스티나 성당의 천장화처럼 유튜브 속 「봄의 제전」은 명징하다. 하지만 소멸된 작품의 귀환은 어쩐지 으스스한데(고증의 충실성 문제는 제쳐

「봄의 제전」의 2부 중
봄을 기원하며 벌이는
희생 의식에서
부족들에게 둘러싸인
'선택된 자'. 고요히 멈춰
있던 그는 폭발하듯
뛰어오르며 죽음에
이를 때까지 춤춘다.
핀란드국립발레단. 2013.

두자. 호드슨이 직접 초연의 불완전한 기록을 어떻게 형상화했는지
에 대해서 책 한 권 분량으로 설명했으니 말이다), 작품의 운명과 자
연의 섭리를 거슬러서까지 되살려내는 복원에 대한 욕망이 어쩐지
죽은 자를 살려내는 흑마술을 연상케 한다.

　베냐민이 말한 아우라의 몰락과도 같이, 복원된 자료는 니진
스키를 둘러싼 숭배와 몰이해를 무너뜨리고 민주적인 감상과 객
관적인 비평을 가능케 했을까. 미국의 안무가 제롬 로빈스(Jerome
Robbins)는 뉴욕공립도서관 내 공연예술자료관의 설립을 위한 지
속적인 후원을 약속하며 쓴 글에서 니진스키를 주적으로 삼았다. 그
의 논리는 이렇다. 춤은 기록이 어렵기 때문에 춤의 역사는 소위 천
재들에 대한 '카더라' 설화로 가득하다. 그중에서도 니진스키의 전
설은 그를 후대 무용가의 우상이자 장애물로 만들어 주었다. 그런

　　　　　　　　　　　　망각에서 소환된 자

데 테크놀로지가 발전해 과거의 춤을 직접 볼 수 있게 된다면 어떨까. 비디오 시대의 스타 발레리노 누레예프는 니진스키처럼 신화적 인물이 될 수 있을까? 아닐 것이다. 이것은 불행인가 다행인가. 로빈스는 이를 긍정한다. "누레예프에겐 힘들겠지만 우리에겐 다행"이라고 말하며, "춤을 둘러싼 문명의 신화를 깨부수자"고 그는 주장했다.[43] 면밀한 아카이빙의 시대에 '춤의 신' 니진스키는 믿지 못할 전설이자 문맹의 시대를 상징했다.

커리어의 파멸 직전에 니진스키는 미친 듯이 일기를 썼다. 일기는 1919년 1월 19일에 시작해 3월 4일에 끝난다. 일기가 끝난 시점에 그는 요양원에 보내졌고, 1950년에 사망했다. 인생의 반을 어둠 속에서 보내기 직전 예술가가 필사적으로 써내려 간 글은 광기에 직면한 천재 예술가의 기록이라는 점에서 니진스키 자신만큼이나 유명해졌다. 그러나 그의 일기 역시 있는 그대로 존재하지 못했다. 그의 아내 로몰라는 일기의 사십 퍼센트 이상을 걷어내고 난도질해 1936년에 출간했다. 아내와의 갈등, 직설적인 성적 욕망, 혼란스러운 문장을 삭제해 천재의 위대하고 엄숙한 선언으로 탈바꿈시켜 버렸다. 가장 사적인 일기가 당사자가 죽기도 전에 공개되고 그마저도 왜곡된 것이다. 일기의 원본은 1979년에 로몰라가 사망한 후에야 재출간되었다.[44]

　니진스키의 모든 것이 공공재가 되어 버렸다. 가장 개인적인 일기마저 공개되고 왜곡되었음을 생각하면 니진스키의 생애나 작품이 극단적인 평가와 모순된 증언으로 점철된 것은 당연해 보인다. 소멸했되 망각될 수 없는 「봄의 제전」은 죽음 이후에도 끊임없이 소환되어야 하는 천재의 숙명을 닮았다.

　로빈스가 예견한 대로 니진스키 이후의 그 누구도 전설이 되진 못했다. 무용수의 테크닉과 공연 테크놀로지가 비약적으로 발전했음에도 말이다. 이제는 공중에 도약해서 도통 내려오지 않았다는 자도 없고, 관객들이 의자를 집어던지는 공연도 없다. 오히려 영상으로 남은 누레예프는 오늘날의 무용수보다 둔탁해 보이고, 역사를 바꾼 작품이라는 「봄의 제전」 역시 오늘날의 호흡으로는 지루하다. 마법을 깨뜨린 대가로 우린 더 이상 꿈꿀 수 없게 되었다.

망각에서 소환된 자

무대로 불러들인 학 한 마리

한성준의 「학춤」[45]

제1회 한성준 무용발표회가 끝나자 춤에 대한 할아버지의 열정은 더욱 깊어갔다. (…) 바쁜 가운데서도 할아버지는 일본을 자주 왕래하면서 무용에 대한 신사조를 접하기도 하고 창경원에 들러 학의 움직임을 세밀히 관찰해 새로운 학을 완성하기도 하였다.[46]

— 한영숙

전통무악인 한성준(韓成俊, 1874–1941)은 고향 홍성에 있는 친지들에게 부탁해 학 한 마리를 산채로 잡아다 줄 것을 부탁했다. 봉산탈춤의 사자춤처럼 동물의 생태를 표현하는 춤을 만들고자 했던 그는 학을 관념적으로 접근하기보단 살아 있는 학을 직접 관찰하는 데서 시작했던 것이다. 당시엔 학이 많이 서식하고 있었기에 친지들은 투망으로 학을 손쉽게 생포해 서울로 보내왔고, 한성준은 학을 자기 집의 곳간 방에 넣고 극진히 사육하며 관찰했다. 당시 삼십대였던 한성준이 야생동물인 학과 의욕적으로 씨름했던 이야기는 그의 민속악 선배인 심재덕(沈載德)이 남긴 인터뷰 기사에서 자세히 전해진다.

한 선생이 처음 학춤을 구상할 때 학에서 하나의 유별난 특성을 발견하였는데 이 특성이 학무 창작에 큰 작용을 하였던 것이다.

학은 언제나 찬물 구덩이 속에 발을 담그고 서 있기 때문에 학의 발은 근성적(根性的)으로 더운 것을 싫어한다. 이 본성에서 학무 창작의 방향을 설정하였고 제1작업으로는 넓은 장판방에 뜨겁게 불을 때고 학을 방안으로 몰아넣었다. 뜨거운 밑바닥에 놀란 학은 그야말로 혼비백산 날며 뛰며 좌왕우왕 수라무(修羅舞)를 연출하였다.

이때 밖에서 길고 굵은 홍두깨 한 개를 방안에 넣어준다. 홍두깨를 본 학은 그 위에 올라서려고 하였고 건드리기만 하면 홍두깨는 저절로 구르기 때문에 그 위에 올라서기란 여간 어려운 것이 아니었다.

그러나 익숙해진 학은 마침내 성공하여 홍두깨에 올라서고 한 다리를 굽히고 고개를 파묻어 낮잠까지 청하는 여유를 갖게 된다.

제2의 작업으로 사람이 일부러 홍두깨를 손으로 슬슬 돌린다. 학은 움직이는 홍두깨 위에서 떨어지지 않으려고 발버둥을 치며 날개로 조정한다. 그러나 뜨거운 방바닥으로는 절대로 떨어지지 않는다.

제3의 작업으로 장고를 방안에 들여놓고 타령 굿거리와 같은 장단을 쳐 준다. 장구 소리에 놀란 학은 구석구석으로 도망치다가 워낙 방이 뜨거운 바람에 무의식중에 다시 홍두깨 위로 올라서고 만다.

홍두깨는 천천히 움직이고 장구소리는 요란하니 실로 사면초가이다. 결국 긴장 피로에 지쳐버린 학은 오히려 협조적인 태도를 보인다. 어느새 장단가락도 이해하였는지 장단에 맞추어 너울너울 춤을 춘다. 미증유의 아름다운 선은 여기에서 볼 수 있었고 한 선생도 학 앞에 서서 같이 춤을 추었는데 학의 사사를 받은 것이다.[47]

학을 뜨겁게 데운 방에 가두다니, 오늘날의 관점에선 동물학대다. 허나 그는 진지하고 애정 어린 눈으로 학을 이해하고 교감하려 노력했다. 관찰은 삼 개월 동안 매일 한두 시간씩 이어졌다. 관찰이 끝나자 그는 학을 고향에 데려가서 많은 친지들이 지켜보는 가운데 날려 보냈다. 잘 가라고 큰소리를 외치며 몇 번이고 허리를 굽실거리며 눈물까지 흘렸다고 한다. 뿐만 아니라 틈날 때마다 창경원(현 창경궁)에 가서 학의 우리 앞에서 몇 시간이고 보내며 학의 동작을 세밀히 파악했다. 한성준의 「학춤」은 학에게 직접 물려받은 춤이다.

온몸을 흰 깃털로 뒤덮은 무용수가 등장한다. 불룩한 몸통 밑으로 검은 타이즈를 신은 두 다리가 가늘게 뻗었고, 정수리 위로 학의 긴 목이 솟았다. 무용수가 상체를 깊숙이 숙이고 무릎을 충분히 굽히면 영락없는 학이다. 직립을 잊은 무용수가 우아하게 걷고 생경하게 고갯짓하며, 먹이를 쪼아 먹다가 한 발로 서서 날개를 퍼덕인다. 은유로서의 학이 아니라 살아 숨쉬는 학을 불러냈다. 한성준은 춤 창작의 관습에서 벗어나 편견 없는 눈으로 학의 습성과 움직임을 담아냈다. 그는 「학춤」을 아비 학, 어미 학, 새끼 학이 노니는 삼인무로, 독무로, 혹은 신선무와 합치는 등 다양하게 연출했으며, 직접 아비 학 역을 맡아 출연하길 즐겼다. 또한 1941년 생을 마감할 때까지 학을 지속적으로 관찰하며 춤과 의상을 보완했고 신선무, 한량무, 검무 등과

「학춤」을 구상한 한성준. 그는 근대 전통춤의 아버지라 여겨진다. 연도 미상.

무대로 불러들인 학 한 마리

함께 자주 무대에 올렸다. 「학춤」은 인기가 좋았고 한성준의 애정도 깊었다.

전통과 창작의 교차점

학춤의 시초는 한성준이 아니다. '학이 춤춘다'가 흔한 시적 관용구인 동아시아에서 학춤이 자연발생하고 자연사하는 건 당연하다. 그중 문헌으로 남은 건 궁중춤 '학무'다. 학무는 고려 때 발생했다고 전해지며 조선시대 궁중춤을 기록한 문헌인 『악학궤범』 제5권과 『정재무도홀기』 등의 여러 문헌에 등장한다. 학무로 단독 공연되기도, 연화대와 합쳐 학연화대합설무(鶴蓮花臺合設舞)로, 여기에 처용무까지 합쳐 학연화대처용무합설로 공연되기도 한다. 학연화대합설무는 학 두 마리가 춤을 추다가 연꽃을 쪼면 꽃이 벌어지며 두 소녀가 나오고 학이 놀라 뛰어나가는 전개다. 궁중학무는 학 모양의 탈을 뒤집어쓰고 학의 움직임을 모방한다는 점에서 한성준의 버전과 유사하다. 문헌상으로도 사백 년 이상 이어 온 춤이건만 1902년 고종황제 어극 사십 년을 축하하는 창경식을 마지막으로 맥이 끊겼다. 궁중학무만 사라진 게 아니다. 정치적 혼란 속에 궁중춤의 맥이 끊겼고 서양 예술이 유입되면서 전통 예인들이 갈 곳을 잃었다. 바로 이렇게 전통춤의 맥이 끊길 때 등장한 이가 한성준이다.

어려서부터 춤과 장단, 줄타기와 재주를 배운 한성준은 서양 예술에 문화적 충격을 받고 전통춤을 서양식 무대예술로 승화시켰다. 그가 전국에서 전해 오던 전통춤을 다듬어 재창작한 춤이 백여 개가 넘는다. 1935년 부민관에서 첫번째 무용발표회를 열고 승무, 태평무, 살풀이춤, 학춤, 신선무, 검무, 오방신장무, 사공무를 선보였다. 최초의 서양식 극장에서 전통춤을 무대용 레퍼토리로 제시한 것이

『정재무도홀기』에
기록된 학무. 고려 때부터
전해 오는 향악정재로,
단독으로 공연하거나
혹은 연화대무, 처용무와
함께 공연한다. 고종
30년(1893) 계사(癸巳).

다. 이때 선보인 춤들 중 승무, 태평무, 살풀이춤, 검무, 학춤은 모두
오늘날 대표적인 전통춤 레퍼토리이자 국가무형문화재로 지정되었
다는 점에서 이 공연이, 나아가 그가 바로 전통춤의 변곡점이 되었
음을 알 수 있다.

전통춤을 재창작했기에 한성준은 '전통춤의 아버지'로 칭송받
는다. 허나 이때 '전통'과 '창작'은 서로 다른 방향을 향하며 불협화
음을 낸다. 그는 새로운 춤을 창작한 안무가인가, 아니면 전통을 계

승한 연구자인가. 「학춤」은 한성준이 딛고 선 교차점을 드러낸다. 한성준은 궁중학무를 직접 본 적이 없다. 그는 궁중학무를 되살리고 싶었던 걸까? 이전부터 전해지던 학춤 설화에서 착안해 「학춤」을 안무하고 궁중학무의 장단을 활용했다는 점에선 그럴 듯하다. 허나 한성준은 문헌에 기대기보단 진짜 학을 관찰하며 한 동작 한 동작 만들어냈다. 개인의 독창적인 창작물도, 전통의 충실한 계승도 아닌 셈이다. 전통과 창작이 갈라서던 지점에서 탄생한 한성준의 「학춤」은 태생부터 모호했다.

무형문화재의 영광과 소외

한성준의 사망 후 삼십 년이 지난 1971년에 학무가 국가무형문화재 제40호에 지정되었다. 해방 후 1962년 문화재보호법이 제정, 공포되면서 전통문화예술이 국가적 차원에서 보존되기 시작했는데, 국가 주도의 전수교육제도를 통해 원형을 중점적으로 보존하고 보호하여 활용한다는 게 기본 방향이다. 학무는 그가 정리했던 승무(1969년 지정)와 함께 집중적인 지원과 보호를 받게 되었다. 뒤이어 태평무(1988), 살풀이춤(1990) 등도 무형문화재로 지정되었다.

　　그런데 학무의 문화재 지정은 모순적이다. 당시 궁중학무가 소실된 지 오래라는 점, 한성준의 손녀인 한영숙(韓英淑)이 보유자로 지정되었다는 점, 한영숙은 한성준에게만 사사했다는 점에서 무형문화재 학무는 분명 한성준의 「학춤」에 바탕을 둔다. 허나 동시에, 문화재 지정된 이유가 "문헌상의 기록이 정확하고," "궁중무 중에서도 한 영역을 차지하고 있다"고 서술되는 점은 궁중학무를 지칭한다. 춤의 형식은 한성준의 「학춤」이되 내용은 궁중학무인 셈이다. 이는 무형문화재 제도가 사라질 위기에 있는 춤을 보존하지만, 개인

국가무형문화재가 된
「학무」의 16밀리 기록
영화 중에서. 무용수는
한영숙, 정재만이다.
1972.

의 창작물을 중시하기보단 역사적 정통을 중시하기 때문에 발생한
균열이다.

　지정 당시 내재된 균열은 시간이 흐를수록 더욱 깊어졌다. 한성
준이 부재한 상황에서 방향을 설정하는 것은 궁중무용가의 몫이었
다. 궁중학무는 조선 말 이왕직아악부[48]에서 김천흥과 김보남 등으
로 계승되었고, 이흥구는 한영숙과 함께 『악학궤범』과 계사본(癸巳
本)『정재무도홀기』를 기반으로 학무를 복원했다. 그 가운데 학무에

무대로 불러들인 학 한 마리

국가무형문화재
제40호로 새로 지정된
학연화대합설무 중
학의 회선(도는 동작).
학이 연꽃을 쪼면 꽃이
벌어지며 소녀가 나와
연화대무를 춘다. 2005.

서 학연화대합설무로의 전이는 불가피했다. 전자가 민속춤과 궁중
춤의 경계를 흐리는 데다 백학 한 쌍의 대무(對舞)로 단촐하다면, 지
당판(池塘板)과 연꽃으로 무대를 화려하게 꾸민 후자는 내용과 형
식이 풍부하며 예술적으로도 우수하다고 여겨졌기 때문이다.

　　1990년 한영숙이 타계한 이후 재조사를 거쳐 1993년 한성준의
「학춤」 대신 궁중정재 학연화대합설무가 새로이 국가무형문화재
제40호로 지정받았고 이흥구가 보유자가 되었다. 이제 춤의 기반이
민속춤에서 정재로 완전히 복원되었다. '복원'이란 '잘못된 것을 바
로 잡고 원상으로 회복하는 것'을 의미한다. 궁중정재에서 민속춤의
흔적을 지우는 것이 '잘못된 것을 바로 잡는' 수순이리라. 한성준의
민속춤 「학춤」은 국가무형문화재 학무를 탄생시켰으나 이는 궁중
학무로 복원하기 위한 과도기 혹은 불쏘시개가 되었다. 문화재 재지
정을 거쳐 학연화대합설무의 입지가 더욱 단단해지면서 한성준의

「학춤」은 문화재라는 권위로부터 멀어졌고, 권위와 명예를 벗어 버린 민속춤으로 돌아왔다.

학이 노니는 춤

동아시아 문화권에서 학은 신선을 상징한다. 학은 도가의 신선들이 타고 구름 위를 누비는 영물이자 장수와 불멸을 기원하는 십장생 중하나다. 신성한 새로 여겨지는 용과 봉황이 상상의 존재라면, 학은 현실의 동물이라는 점에서 더욱 고결하고 신비롭다. 학은 또한 더러움을 멀리하고 지식을 추구하는 고고한 선비에 비유되었다. 군계일학(群鷄一鶴)이나 학립계군(鶴立鷄群) 같은 고사성어는 여럿 중에서 단연 돋보이는 자, 속세에 물들지 않은 현자를 뜻했다. 학처럼 조선시대 지배계급 남성들의 사랑을 받은 새는 없으리라. 문관들은 관복에 쌍학이 새겨진 흉배를 둘렀고 학자들은 흰 윗도리에 검은 깃과 소맷부리, 도련을 두른 학창의(鶴氅衣)를 즐겨 입었다. 학의 모습을 본뜸으로써 학의 기품을 닮고자 했던 것이다. 조선의 선비들은 직접 몸을 일으켜 춤추지는 않되 일상에서 학을 자기 몸으로 살아냈다.

   학의 흰 몸에 검은 다리, 긴 부리와 목덜미의 곡선, 우아한 몸짓은 풍류의 원천이었다. '고구려의 정승 왕산악이 진나라의 칠현금을 보고 거문고를 만들어서 백여 곡을 창작했는데 그 곡조가 매우 청아하여 학이 너울너울 춤추었다'는 설화는 유명하다. 학 특유의 우아한 동태가 춤으로 승화되는 건 지극히 자연스러운 일이다. "학춤이라는 것이 아주 옛날에 있었던 것이 아니고, 한 명무수가 당시 출입복이었던 도포를 입고 갓을 쓰고서 너울너울 덧배기 춤을 추니까 누군가가 '마치 학이 춤추는 것 같다'고 한 데서 학춤이라고 불려졌고, 계속 추다 보니 좀 더 학답게 학의 동태를 가미하여 다듬어진 것이

동래읍성역사축제에서 부산민속예술보존협회의 동래학춤 공연. 도포를 입은 한량이 호방하고 멋스럽게 춤추는 모습을 담았다. 2015.

학춤이 되었다."[49] 동래학춤의 기원이다.

　　동래학춤은 한성준의 「학춤」과는 발생학적으론 다르지만, 정신적인 유대가 깊다. 한성준의 「학춤」과 궁중학무가 '학이 춤추는 모습'을 학의 탈을 통해 직유법으로 표현했다면, 동래학춤, 양산학춤, 울산학춤은 그보다 은유적이다. 모두 영남지방에서 전래된 민속춤으로, 학의 탈을 쓰지 않고 도포를 입고 춤춘다. 양산학춤, 울산학춤이 사찰에서 불교의 포교를 위해 추어졌다가 민간으로 전승되었다면 동래학춤은 처음부터 한량들이 풍류를 즐기며 추었다는 점에서 구별된다. 동래학춤은 부산광역시 무형문화재 제3호로 지정되었다.

　　동래학춤은 갓을 쓰고 도포를 입고 청아하고 고고한 학의 자태를 표현하는 즉흥춤이다. 학이 날듯 가벼운 발동작으로 들어와 주변을 살피고 모이를 찾는다. 햇빛 아래 뛰놀고 쉰다. 언뜻 학의 습성을 충실히 담은 것 같지만, 이 춤은 한성준이 학을 면밀히 관찰했던 것과 달리 학에 관한 생태학적 보고서가 아니다. 검은 갓을 쓰고 넓은 도포 자락을 휘날리며 멋에 겨워 추는 춤은 필시 우아하고 멋들어진다. 그 멋이 학을 연상케 하면서 학춤으로 둔갑한 것이다. 동래학춤은 원래 홀로 추던 허튼춤(형식에 얽매이지 않고 자유롭게 추는 흐트러진 춤)이었지만 군무로 발전했다. 여러 명이 함께 도포를 펄럭이며 날아오르는 장관을 연출한다. 또한 동래학춤은 선비의 멋을 드러내지만 선비가 아니라 한량이 춘 춤이다. 한량에겐 선비나 관리, 학자가 지녔던 무게나 권위가 없었다. 그들은 선비를 선망하되, 얽매이지 않는 한량의 풍류를 너울너울한 학의 몸짓에 담았다.

곡선의 너울거림은 건축가 프랭크 게리의 미학이기도 하다. 2019년 서울 한복판에 들어선 그의 최근 작 '루이 비통 메종 서울'은 기존에 있던 네모난 건물을 재건축하며 동래학춤의 춤사위와 한복 소매 선을 반영한 지붕을 올렸다. 게리는 새하얀 도포 자락이 창공으로 발산되는 순간의 힘과 여운을 철근과 유리로 고정시켰다. 럭셔

건축가 프랭크 게리가 디자인한 루이 비통 메종 서울. 곡선으로 이루어진 지붕은 마치 학의 날갯짓이 스친 듯하다. 2019.

무대로 불러들인 학 한 마리

리 브랜드와 스타 건축가가 명품 브랜드들이 으스대는 청담동 한복판에 한량을 데려다 놓았다.

서양엔 백조가 있고 동양엔 학이 있나니

한성준의 사망 후 그의 「학춤」을 즐겨 춘 이는 드물다. 사십 년이 지나 학무가 무형문화재로 지정되자 국가적 권위를 얻었으나, 그로 인해 한성준의 춤맛은 빠르게 지워졌다. 그 와중에 한성준의 「학춤」은 뜻밖에도 조택원에게 홑씨를 뿌렸다.

　　근대 무용가 조택원은 최승희와 함께 문화계를 휩쓸던 스타였다. 세습예인 출신의 한성준과는 달리 조택원과 최승희는 명문가 출신에 명문 학교를 다니다 일본으로 유학을 가서 일본 무용가 이시이 바쿠(石井漠)에게 모던댄스를 배웠다. 모던댄스로 먼저 이름을 알린 뒤, 이들은 전통적 색채로 춤을 확장하고자 연달아 한성준을 찾아왔다. 1935년경 조택원은 이십여 일 동안 한성준에게 승무와 학춤을 배웠다. 한성준은 전통춤의 기본기가 없는 조택원을 가르치는 데 애를 먹었다고 회고했다. 그 직후인 1935년에 「승무의 인상」(훗날 「가사호접(袈裟胡蝶)」으로 개칭됨)을 발표하고 오 년 후 발레극 「학」을 발표했다. 그러나 겨우 이십 일 동안 배우고 제 작품으로 만들었으니 이를 두고 전승이라 칭할 수는 없다. 게다가 창작 의상을 입고 머리에만 학의 탈을 쓴 조택원의 모습에 한성준은 불쾌해했다고 한다. 전통춤을 이어 주길 바랐던 한성준이 실망과 이질감을 느꼈던 것처럼, 조택원의 「학」은 전통적인 학춤을 전승했다기보다는 전통을 소재 삼아 현대적인 창작춤으로 발전시킨 신무용이었다.

　　한성준에게 승무를 배우곤 바로 「승무의 인상」을 만들었는데, 「학」은 왜 오 년이나 걸린 것일까? 조택원은 한성준에게 학춤을 배

조택원의 무용극 「학」 중에서. 「학」은 한성준의
「학춤」과 안나 파블로바의 「빈사의 백조」가
교차하며 탄생한 작품이다. 1938년경.

웠건만 정작 그를 자극시킨 이는 뜬금없게도 프랑스에서 만난 유명 발레리노 세르주 리파르(Serge Lifar)였다. 1938년 조택원은 프랑스 공연 중 리파르를 만났다. 지인의 집에 모인 소탈한 자리에서 모던댄스풍의 「포엠」과 「작열」, 그리고 「가사호접」을 선보였다. 다른 춤은 유럽에도 얼마든지 있지만 「가사호접」만은 특별하다는 리파르의 찬사 때문이었을까, 혹은 리파르가 답례로 보여줬던 안나 파블로바의 「빈사의 백조」 때문이었을까, 그는 공연을 마치고 돌아오는 배에서 「학」을 구상하기 시작했다.

서양에 백조가 있다면 동양엔 학이 있다. 그의 회고에서 학은 백조의 대항마로 역할을 다한다. 여기엔 민족적 정서보다는 '동양적인 것'에 방점이 있다. 서양과 동양, 죽음과 생, 슬픔과 행복, 개인과 가족의 구도 속에서 춤을 바라보았던 조택원의 시선이 느껴진다.

「빈사의 백조」나 「스완 레이크」같은 발레에서는 모두 백조를 죽음 앞에 유도함으로써 어떤 조락(凋落)의 구슬픔을 묘사하는 퍽 비관적인 무드가 풍기는데 나는 그와 같이 아름다운 새를 죽게 한다는 심볼이 싫었다. 그래서 나는 동양적인 아이디어를 도입해서 구상해 본 것이 무용시 「학」이었다.[50]

조택원의 「학」은 한국 최초의 무용극이자 발레극이다.[51] 밝고 희망적인 분위기로 한가롭고 전원적이다. 아비 학과 어미 학, 새끼 학 세 마리가 등장한다는 점에서 한성준의 「학춤」과 유사하나 사계절을

무대로 불러들인 학 한 마리

추가하고 4막으로 나눈 극 형식으로 발전시켰다. 겨울철 얼어붙은 연못가에서 아비 학과 어미 학이 새끼 학에게 무한한 애정을 보여주고, 봄이 오자 새끼 학을 단장시키고 나는 법을 가르친다. 여름에 연꽃이 피자 아비 학과 어미 학은 연꽃을 쪼지 말라고 하지만 새끼 학은 호기심에 쪼아 버린다. 별안간 암전이 되고 민속무용이 추어진 다음 부모 학이 용서해 준다. 단풍이 물든 가을이 오면 부모 학이 새끼 학을 데리고 따뜻한 고장을 찾아 떠난다. 아마도 다시 겨울이 오면 새끼 학이 부모가 되어 제 새끼를 무한한 애정으로 보듬을 것이다. 이러한 계절과 생명의 순환적 세계관은 지극히 동양적이다. 흥미롭게도 궁중학무의 모티프인 '연꽃을 쪼는 학'이 조택원의 학에선 금기와 통과의례의 장치로 작용한다. 연꽃을 쪼기 마련인 학에게 쪼지 말라니, 이 금기는 깨뜨리기 위해 존재한다. 허나 판도라나 오르페우스의 신화와는 달리 새끼 학은 부모 학에게 너그러이 용서받는다. 조택원은 '동양적인 부모의 깊은 사랑'[52]을 이렇게 보았다.

전원적이다 못해 우화적인 춤이건만 그 이면에서는 식민지 예술가의 자리가 드러난다. 「학」은 일본제국권의 시스템과 인프라가 탄생시킨 작품이다. 조택원은 일본의 근대 작곡가 다카기 도로쿠(高木東六)에게 작곡을 의뢰했다. 다카기는 1938년 조선호텔에서 한 달가량을 머물며 조선의 다양한 민속 가락을 채보한 뒤, 모리스 라벨(Maurice Ravel)의 「볼레로(Boléro)」풍에 아리랑 선율이 가미된 곡으로 작곡했다. 여기에 조택원이 안무하고, 무라야마 토모요시(村山知義)가 연출, 이토 키사쿠(伊藤熹朔)가 장치, 김정환이 의상을 맡았으며, 매니저 김헌수가 참여했다. 조선인과 일본인의 합작인 것이다. 초연은 1940년 정월 도쿄의 히비야공회당에서 일본으로 망명한 유대계 독일인 지휘자 만프레트 구를리트(Manfred Gurlitt)와 다카기가 교대로 지휘하고 중앙교향악단(현 도쿄필하모닉오케스트라)이 반주했다. 동양적 소재의 무용을 풀 오케스트라의 반주로 최초 공연했다는 점에서 「학」은 일본 무용사의 이정표가 되었다. 한국의 문화적 맥을 이으면서도 일본에서 만들어지고 감상된 「학」은 일본에서 춤 공부를 시작했던 조선인 무용가의 행로와도 닮았다.

「학」 공연은 주야 사흘간 성황을 이루었으나 이후 태평양전쟁이 악화되면서 한국에선 공연되지 못했다. 이후 해방기와 대한민국 정부 수립기에 조택원은 친일 행적이 논란되었으며, 설상가상으로 이승만 정권을 비판한 발언으로 십삼 년간 귀국하지 못했다. 이 과정에서 그의 많은 춤들처럼 「학」 역시 소실되었다.

그런데 2016년 일본에 있는 다카기의 자택에서 「학」의 악보 두 장이 발견되었다. 사십 분짜리 무용극 중 십 분 분량으로, 2악장 '봄' 부분이다. 발굴을 계기로 한일 양국의 무용 전문가들이 「학」을 복원하고 재창작해 발표하는 행사를 가졌다. 조택원의 제자인 송범을 사사하고 이제는 초로가 된 국수호가 학창의를 입고, 재창작한 「학」의 한 장면을 춘 것을 비롯해 한성준의 「학춤」도 함께 공연되었다. 조택원의 「학」의 뿌리가 한성준의 「학춤」으로 거슬러 올라감을 공표하는 것이다. 조택원의 「학」은 겨우 이십여 일의 얽힘의 소산물이었으나 한성준에서 조택원, 송범, 국수호로 이어지는 남성 명무(名舞)의 정통을 증명하는 중요한 징표가 되었다.

학은 한국의 무용가들에게 하나의 신화소(神話素)[53]가 되었다. 서양의 백조가 그러했듯 무수히 재해석되고 재창조되면서 거듭났다. 조택원처럼 한성준에게 전통춤을 배운 최승희가 1939년 파리 공연에서 추었다는 「백학」을 비롯해 정인방의 「신선도」(1945), 김백봉의 「선녀춤」(1977), 육완순의 「학1」(1984)과 「학2」(1993), 국수호의 「학의 발자국 소리」(1984), 정재만의 「학불림굿」(1987), 정은혜의 「유성학춤」(2005)에서 학은 주요 모티프가 되었다. 또한 학춤은 국가 차원의 전통문화의 상징이기도 했다. 1986년 서울 아시안게임 개막식에서 김백봉이 안무한 「신천지」는 약 이천삼백 명이 출연한 대규모 춤으로, 공작새춤과 학춤, 선녀춤이 어우러진다. 비슷하게 2014년 소치 동계올림픽 폐막식에서 공연된, 안애순이 안무한 「화합과 어울림의 평창」에서는 국립현대무용단 무용수들이 엘이디(LED) 조명으로 골격을 드러낸 날개를 퍼덕이며 한국적 미와 첨단 기술을 드러냈다. 신무용 계열의 김백봉과 현대무용가 안애순이 삼십 년의 세월을 건너 학에서 접점을 찾은 것처럼, 학은 한국 안무가에게 오래되고도 새로운 고향으로 남았다.

다시 학이 되어 날아온 춤, 「라이트 버드」

금장을 두른 무형문화재 문서 속에서 한성준의 「학춤」이 사라진 후 조금은 뜬금없는 곳에서 다시 학이 날아들었다. 프랑스 안무가인 뤽 페통(Luc Petton)과 마릴렌 이글레시아스 브루커(Marilén Iglésias-Breuker) 부부의 「라이트 버드(Light Bird)」이다. 안무가이자 아마추어 조류학자인 뤽 페통은 새와 인간의 춤에 관한 연작으로 유명하다. 2005년 찌르레기와 까마귀를 등장시킨 「새들의 비밀(La confidence des oiseaux)」, 2012년 백조가 등장하는 「스완(Swan)」에 이어 2015년 동래학춤에서 영감을 받은 「라이트 버드」를 선보였다.

「라이트 버드」엔 페통과 한국인 무용수 이선아와 박유라, 벨기에 무용수 질 노엘(Gilles Noël), 그리고 사랑, 아따나스, 코코, 만주, 아실, 리아오라는 이름의 학 여섯 마리가 출연한다. 어른 새 두 마리와 아기 새 네 마리다. 알을 부화시키는 것부터 시작된 프로젝트는 준비기간만 이 년이 걸렸다. 무용수들은 오전엔 춤을 추고 오후엔 새와 함께 시간을 보냈다. 동물원에 가서 학을 관찰하고 조련사에게 조언을 들으며 새와 공존하는 법을 익히려 노력했다. 예민하고 공격적이기까지 한 학의 습성을 이해하고 각각의 개성을 파악하는 것은 지난한 과정이었다.

막이 열리면 미세한 그물막이 객석과 무대를 나누고 있다. 무용수들이 제각각이면서도 어우러져서 춤추고 있노라면 갑자기 무대 옆에서 학들이 날아든다. 놀라움과 감탄의 탄성이 절로 터져 나온다. 춤 공연을 보러 온 관객들 앞에서 '학'이 '춤'춘다. 허나 학은 실상 춤추지 않는다. 그저 거기에 존재할 뿐이건만 보는 이에겐 정교하게 연출된 자태와 동태로 읽힌다. 학의 우아하고 고고한 기품이 생경하고도 생생해 무용수의 존재를 한동안 가릴 정도다. 무용수는 무리하게 학과 교감하려 들지 않는다. 학의 움직임을 모방하려고도 하지 않는다. 그들은 나뭇가지를 천천히 움직이거나 눈에 띄지 않게 모이를 주며 새들의 섬세한 움직임에 즉흥적이고도 수용적으로 반응한다. 불멸을 상징하는 학과 필멸을 인식하는 무용수가 고요히 공존하는 장면은 잠시 현실을 잊게 한다.

「라이트 버드」는 한국-프랑스 수교 백삼십주년을 기념해 '한불 상호 교류의 해' 행사의 하나로 마련된 작품이었다. 2015년 프랑스 국립샤이요극장에서 초연된 후 프랑스 내 열 개 도시에서 총 이십사 회의 공연이 이루어졌다. 이듬해 사월엔 서울 엘지아트센터에서 공연될 예정이었다. 예민한 새인 학을 비행기로 운반하는 게 최대의 과제로 떠올랐다. 고정된 미술품을 해외로 옮기는 것도 힘든데 예민하기 그지없는 생명을 옮겨야 하다니 말이다.

그런데 프랑스 공연 직후 위기가 닥쳤다. 조류독감이 유행한 것이다. 2014년부터 국내에 조류독감이 크게 번성하며 수만 마리가 살처분되었다. 2015년엔 조류독감이 다른 동물을 거쳐 사람의 전염병으로 바뀔 가능성도 있다고 알려지면서 공포는 극에 달했다. 조

조심스레 쌓은 교감을 바탕으로 무대 위에서 학과 공존하는 뤽 페통의 「라이트 버드」. 페통은 학의 움직임을
흉내내거나 조작하기보다, 풍경 혹은 동등한 생명체인 듯 어우러지며 학의 가장 자연스러운 모습을 끌어냈다. 2015.

무대로 불러들인 학 한 마리

류반입이 전면금지되면서 한국 공연이 전격 취소되었다. 조택원의 「학」이 그러했듯 페통의 「라이트 버드」역시 서울 무대를 밟지 못했다. 현대 사회에서 학은 신선이 타고 노니는 새가 아니라 대륙 간 전염병을 옮기는 주범으로 전락했다. 날 수 있는 새이지만 적합한 서류 없인 날아올 수 없었다. 이 년여에 걸쳐 학과 교감을 쌓는 일 역시 현대예술의 매커니즘에선 사치인 것이, 작품에 참여한 여러 예술가들이 다음에 예정된 일정을 미루고 매달릴 수도 없거니와 다시 알에서부터 학을 부화시킬 수도 없으니 말이다. 불멸을 상징하되 멸종 위기에 직면한 학처럼, 「라이트 버드」는 기록으로 남되 다시는 관람할 수 없는 춤이 되었다.

한성준이 방 안으로 들였던 학은 무대로 직접 날아들어 관객들을 매료시켰다. 아마도 한성준은 할 수만 있다면, 페통처럼 학을 방 안 대신 무대로 불러들여 같이 춤추고 싶었을 것이다. 그는 학을 둘러싼 설화의 신비로움이나 궁중춤의 엄숙함 또는 무형문화재의 무게감, 그리고 이를 둘러싼 진본 논란과 세력 다툼엔 아랑곳하지 않고 그저 학을 보라고 했을지 모른다. 학이 내가 되고 내가 학이 되어 춤추자고 말이다. 그러나 살아 있는 학을 붙잡아 조련하는 것이 까다롭듯, 학춤을 보존하고 계승하는 것 역시 어렵기만 하다. 한성준의 「학춤」은 붙잡아 둘 수 없어 불멸의 상징이 된 학처럼 스러졌다.

내 모든 걸 잃더라도 바꿀 수 있다면

캐서린 던햄의 「사우스랜드」

조국을 진정으로 사랑하는 사람은 그 장점뿐 아니라 단점까지도 볼
수 있는 자입니다. 그리고 단점을 보았을 때 자신의 자유나 생명을
걸고서라도 규탄할 수 있어야 합니다.[54]
──캐서린 던햄

취기가 오른 젊은 백인 남녀 렌우드와 줄리가 목련이 흐드러진 나무
아래서 사랑을 나눈다. 줄리의 장난스러운 놀림에 렌우드가 발끈해
그녀를 흠씬 구타하고는 달아난다. 정신을 잃었던 줄리는 누군가의
도움으로 눈을 뜨고 그를 바라본다. 치욕과 분노, 절망이 교차하던
순간 그녀는 이 상황에서 벗어날 실마리를 찾아내어 눈을 번뜩인다.
그리고 외친다. "검둥이(Nigger)!" 무리의 만류에도 불구하고 줄리
에게 손을 내밀었던 흑인 노동자 리처드는 줄리를 성폭행했다는 누
명을 쓰고 백인 무리에 끌려가 고초를 당한 뒤 목련 나무에 목이 매
달린다. 코러스가 시체를 수습해 애도의 행진을 하는 동안 리처드의
연인 루시가 목련 꽃을 들고 나타나 절규하고 줄리는 시체의 불탄
옷자락을 찢어 전리품으로 챙겨 들고 빠져나간다.

「사우스랜드」1막 속 줄리 역의 줄리 벨라폰테. 보이지 않는 군중들 앞에서 줄리는 머리카락으로 목을 옥죄는 동작으로 자신을 도와주러 온 리처드를 강간범으로 지목하며 린치할 것을 종용한다. 던햄무용단의 파리 공연 중에서. 1953.

린치 댄스

캐서린 던햄(Katherine Dunham, 1909-2006) 안무의 「사우스랜드
(Southland)」(1951) 1막은 남녀 간의 데이트 폭력으로 시작된다. 그
런데 데이트 폭력의 피해자가 다음 순간 인종차별의 가해자로 탈바
꿈한다. 어떻게 그럴 수 있을까. 여기엔 젠더와 인종의 위계가 복합
적으로 작동한다. 가부장적 사회에서 백인 남성이 백인 여성을 폭행
하는 것은 사적인 일로 치부되었으나 백인 여성을 폭행한 이가 흑인
남성이라면 이야기가 달라진다. 게다가 인종 간 성폭행이라니, 백인
남성을 한껏 도발시켰다. 이십세기 중반까지도 서구 사회에서는 흑
인 남성의 성적 능력이 우월하다는 우생학적 믿음이 만연했고, 백인
남성은 그들(흑인 남성)이 우리의 소유물(백인 여성)을 빼앗을지
모른다는 두려움을 가졌기 때문이다. 두려움은 잔혹한 복수를 정당
화한다. 이때의 린치(lynch)는 백인 여성을 강간한 (혹은 그렇다고
여겨진) 흑인을 잔인하게 살해하는 백인 남성의 집단 폭력이다. 무
고한 리처드에게 성폭행 혐의를 뒤집어씌운 줄리는 젠더와 인종의
미묘한 관계를 이용해 피해자의 처지에서 빠져나왔고, 그 결과 리처
드는 린치를 당한다. 「사우스랜드」는 저지르지도 않은 죄를 빌미로
한 린치의 발생과 결과를 다룬 댄스 드라마이다.

　1막의 엔딩에서 루시가 바닥을 나뒹굴며 절규하는 동안 코러스
가수가 「이상한 열매(Strange Fruit)」를 노래한다. 아벨 미어로폴(A.
Meeropol)의 시를 바탕으로 만들어진 이 노래는 빌리 홀리데이(B.
Holiday)가 불러 유명해졌다. 성기가 훼손되고 나무에 매달려 불타
버린 린치 희생자의 이미지는 흑인인권운동의 도화선이 되었다.

　　　　　　　　　　　　　　내 모든 걸 잃더라도 바꿀 수 있다면

남부의 나무에는 이상한 열매가 열리네
잎사귀에 피, 뿌리에도 피,
남부의 산들바람에 검은 몸뚱이가 흔들리네
포플러 나무에 매달린 이상한 열매

멋진 남부의 전원적인 풍경
튀어나온 눈과 뒤틀린 입술
목련의 내음은 달콤하고 상쾌한데
갑작스러운 살을 태우는 냄새

여기에 까마귀가 뜯어 먹고,
비를 맞고, 바람을 빨아들이고,
태양이 부패시키고, 나무가 떨어뜨릴 열매가 있네
여기에 이상하고 쓰디쓴 작물이 있네[55]

「사우스랜드」에서 「이상한 열매」 노래에 맞춰 루시가 애도하는 장면은 안무가 펄 프리머스(Pearl Primus)의 동명 무용 작품인 「이상한 열매(Strange Fruit)」를 연상케 한다. 프리머스의 작품은 흑인 여성의 짧은 솔로 작품으로, 직설적인 제목과는 달리 나무나 시체가 등장하지 않는다. 그렇다면 「사우스랜드」의 1막은 프리머스의 「이상한 열매」에 인과관계와 내러티브를 부여했다고 볼 수 있다.

　흥미로운 지점은 2막이다. 2막은 1막의 시공간에서 분리되어 어디에나 있음직한 나이트클럽을 배경으로 한다. 한 무리의 흑인이 춤추고 노래하며 무언가가 터지기를 기다리고 있을 때 1막에서 극을 해설했던 코러스가 리처드의 시체를 들고 천천히 입장한다. 군중들은 순간 정지된 화면처럼 얼어붙었다가 서서히 일그러진다. 울음을 터뜨리는 여성, 바닥에 끊임없이 칼을 던지는 남성, 바닥을 나뒹구는 커플 사이로 눈먼 거지가 홀연히 무언가를 바라본다. 모두가 느끼지만 형언할 수 없던 진실, 직접 겪지 않더라도 사회에 만연한 폭력과 차별을 직시하는 것이다. 「사우스랜드」는 노골적이고 불편한 방식으로 관객을 몰아간다. 무대 위의 폭력을 안락하게 바라볼 수 있는 액자 틀이 부서지자 린치는 특수한 역사적 사건이 아니라 지금 여기의 이야기로 탈바꿈한다. 이 점에서 「사우스랜드」는 도발적이고 전복적이다.

N 단어를 내뱉는 고통

「사우스랜드」의 주인공 커플인 줄리와 렌우드, 루시와 리처드는 실제 무용수의 이름에서 따왔다. 루시는 루실 엘리스(Lucille Ellis)가, 리처드는 리카르도 아발로스(Ricardo Avalos)가 맡았고, 줄리는 던햄무용단의 유일한 백인 단원인 줄리 로빈슨 벨라폰테(Julie Robinson Belafonte)가, 렌우드는 렌우드 모리스(Lenwood Morris)가 맡아 붉은 가발과 화장으로 분했다. 작품에서 백인 무리는 무형의 존재로 처리되기에 실제 무대에 등장하는 백인은 줄리와 렌우드이고 그중에서 실제 백인은 줄리뿐이다. 그런데 줄리가 연기하는 줄리는 인종적 위계를 악용해서 참사를 일으키는 인물이다. 비극의 발단은 폭행한 렌우드이겠지만 비난의 타깃은 줄리가 된다. 특히 자기로 인해 무고하게 희생된 리처드의 불탄 옷자락을 전리품으로 챙겨 든 줄리와 억울하게 연인을 잃은 루시가 서로를 스쳐 지나가며 1막이 끝나는 던햄의 연출은 젠더보다는 인종 문제를 부각시키며 줄리에 대한 비난을 증폭시킨다.

　「사우스랜드」의 클라이맥스는 린치 장면이 아니라 줄리가 리처드에게 손가락질하며 N 단어를 소리치는 장면이다. 흑인을 경멸하는 의미의 N 단어를 입에 올리는 것은, 지금도 그러하지만 당시에도 금기였다. 특히나 여간 해선 말을 하지 않는 무용 작품에서 경멸적으로 그 단어를 소리치는 것은 줄리와 다른 무용수들에게 고통스러운 과정이었다. 줄리는 던햄에게 그 대사를 안 하게 해 달라고 울며 빌었고 이것은 연기일 뿐이라고 자신을 세뇌해야 했다. 그럼에도 리허설과 공연이 진행되면서 동료 무용수들이 수군대기 시작했다. "걔가 그 단어를 어떻게 내뱉는지 들었어? 자기가 진짜로 그렇게 생각하지 않으면 그런 식으로는 못할 거야." 게다가 하룻밤 공연에서 「사우스랜드」의 앞뒤에 가볍고 흥겨운 작품을 공연해야 한다는 상황 또한 무용수들에게는 견디기 힘들었다. 악다구니를 쓰며 싸운 후에 속 없이 헤헤거리는 꼴이랄까. N 단어를 내뱉은 후 아무 일 없다는 듯 태평하게 춤추는 것은 불가능했다. 함께 땀 흘리며 동고동락하던 동료들은 자신의 정체성이 투영된 작품을 통해 그들 각자의 정체성을 차갑게 인식하게 되었으며, N 단어는 무용수들을 분열시키고 그들에게 내상을 입혔다.

줄리가 리처드에게
손가락질하며
'검둥이!'라 외치는
장면. N 단어를 내뱉는
줄리뿐만 아니라
모든 무용수들에게
고통스러운 순간이었다.
던햄무용단의
「사우스랜드」 파리 공연
중에서. 1953.

무엇이 스타 댄서를 도발했나

캐서린 던햄은 미국 무용계에서 독보적인 존재이다. 고등교육을 받은 흑인이 드물던 시절에 던햄은 시카고대학에서 래드클리프브라운(A. R. Radcliffe-Brown), 말리노프스키(B. K. Malinowski) 등, 영미 인류학의 선구자들에게서 배우고 구겐하임재단의 장학금을 받아 아이티에서 현장 연구에 참여한 흑인 여성 지식인이었다. 게다가 화려한 외모와 수려한 춤 솜씨를 갖추었기에 대학 시절부터 무용수로 활동했으며, 조지 발란신이 안무한 브로드웨이 뮤지컬 「하늘의 오두막(Cabin in the Sky)」에 출연하며 스타가 되었다. 진지한 인류학자와 관능적 댄서라는 이중적 정체성으로 인해 던햄은 커리어 초반부터 셀러브리티로 대우받았고 그녀의 무용단은 1947년부터 이십 년간 삼십삼 개국을 투어하며 국제적으로 활약했다.

이러한 배경에서 볼 때 흑인 여성 지식인인 던햄이 미국 내 인종차별을 고발하는 「사우스랜드」를 만든 것은 논리적인 귀결로 보인다. 또 다른 흑인 여성 안무가인 펄 프리머스가 린치를 주제로 만든 「이상한 열매」보다 여러 해 늦게 만들어졌다는 것이 되레 이상할 지경이다. 그러나 표면적으로 볼 때 그녀의 레퍼토리에서 「사우스랜드」는 이질적이다. 던햄은 미국인이고 미국 최초의 흑인 무용단을 세웠지만 미국 흑인이라는 정체성에 한정되길 거부했다. 그녀는 본질주의자라기보다는 세계주의자였기 때문이다. "니그로 댄스(Negro Dance)라는 말로는 내 예술을 모두 담을 수 없다"고 응수했던 던햄은 디아스포라(diaspora)라는 용어가 사용되기도 전에 남북 아메리카 대륙과 카리브해 지역, 아프리카를 아우르는 흑인의 혼재적인 문화 경험을 포용하려 했다. 게다가 춤과 노래, 드라마가 어우러지는 '레뷰(revue)' 형식은 추상적이고 심리적인 주제에 탐닉하던

내 모든 걸 잃더라도 바꿀 수 있다면

당시 현대무용계의 트렌드에서 벗어나 있었다. 관능적이고 흥겨운 춤으로 인기를 끌었던 그녀가 돌연 「사우스랜드」를 만든 이유는 무엇일까.

1947년 던햄무용단은 미국의 무용단으론 처음으로 유럽에 진출했다. 런던과 파리의 예술가, 지식인들은 던햄을 예술가이자 지식인으로서 환영했다. 그녀는 콕토(J. Cocteau), 사르트르(J. P. Sartre), 레비스트로스(C. Lévi-Strauss), 파농(F. Fanon) 등과 교류했고, 투어를 다니면서도 자신의 두번째 연구 서적을 집필했다. 1949년엔 런던의 발레비평가 리처드 버클이 쓴 던햄 평전이 출간되었으며, 여러 대학과 인류학회에서 강연 요청을 받았다. 미국에서 평생 인종차별을 당해 오던 던햄은 처음으로 '흑인'이라는 수식어 없이 동료 예술가, 지식인으로 동등하게 평가받는 경험을 했다. 이 꿈같은 경험은 그녀에게 분수령이 되었다.

그러나 인종차별이 사라지지 않은 이상 파국은 예견된 일이었

흑인과 백인 학생들로 이루어진 뉴욕의 조지거슈윈중학교 (George Gershwin Junior High School)의 기수단 학생들에게 둘러싸인 캐서린 던햄. 던햄은 무대 안팎에서 인종차별을 철폐하는 데 힘썼다. 1963.

진지한 인류학자이자 관능적인 댄서였던
캐서린 던햄. 1956.

다. 1950년 브라질 투어 때였다. 던햄과 그의 백인 남편은 브라질 상파울루의 수준급 호텔에서 숙박이 거부당하자 이 호텔을 고소했고, 이는 실제 브라질의 공공장소 흑백 분리법을 철폐하는 계기가 되었다. 그러나 절망감에 휩싸인 던햄은 국경을 넘어선 인종 문제의 구조적 모순에 눈을 뜨게 되었다. 남미 투어 중 제작되고 공연된 「사우스랜드」는 던햄의 이러한 각성을 드러낸다. 미국이 아닌 국가에서 굳이 미국 남부의 린치를 소재로 한 작품을 만든 것은 그 자체로 명료한 발언이다. 린치가 미국만의 특이하고 극단적인 현상이 아니라 세계적으로 만연한 인종적 갈등 및 폭력과 연결된다는 것이다. 「사우스랜드」의 초연에서 던햄은 프롤로그에 등장해 칠레 관객들에게 스페인어로 연설했다.

저는 불타는 살의 냄새를 맡은 적이 없고 남부의 나무에 매달린 흑인 시체를 본 적도 없지만 이들을 영혼으로 느껴 왔습니다…. 창조적 예술가로서… 이를 세상에 알릴 필요가 있으며, 병 든 사회를 폭로함으로써 많은 양심들이 항거하기를 희망하는 마음에서였습니다…. 이는 미국 전체나 남부 전체에 해당하는 건 아니지만, 오늘날에도 실재합니다.

던햄의 흑인인권운동은 무대 안팎에서 이루어졌다. 특히 전국 투어는 사회운동의 실천이었다. 공공장소에서 인종적 분리를 명시한 짐 크로 법(Jim Crow Law)이 1964년에야 사라졌으니 1940–1950년대 미국 전역을 누비던 던햄무용단은 매 순간이 인권운동의 시험장이

　　　　　　　　　내 모든 걸 잃더라도 바꿀 수 있다면

었다. 흑백 분리된 열차로 이동해야 하고, 가는 곳마다 식사와 숙박에서 차별을 겪으면서도 이에 끊임없이 저항했다. 던햄은 백인 무대미술가 존 프랫(John Pratt)과 결혼하고, 그들을 수용하길 거부한 호텔을 고소했으며, 흑백 분리된 관객 앞에선 공연을 하지 않겠다고 버티고, 백인 관객들에게 인종차별에 대해 연설했다. 셀러브리티로서의 힘을 명민하게 활용할 줄 알았던 던햄의 아슬아슬한 줄타기라 할 수 있다.

그 춤을 춘 대가

칠레 국립오케스트라의 의뢰로 제작된 「사우스랜드」는 1951년 1월 칠레 산티아고시립극장에서 초연되었다. 린치에 대한 작품이라는 게 알려지자 칠레의 미국대사관 관계자가 리허설에 찾아와 린치 장면을 삭제할 것을 요구했으나 던햄은 공연을 강행했다. 공연 직후 미국 정부 관계자가 칠레 언론사를 검열하면서 공산주의 계열 신문한 곳을 제외한 모든 언론사가 이 작품에 대해 침묵했다. 무용단은 며칠 안에 칠레에서 퇴거할 것을 명령받았고, 칠레를 떠나 아르헨티나에 도착했을 땐 해외 공연에서 늘 있던 대사관 주최의 칵테일 파티나 만찬 대신 싸늘한 침묵만 감돌았다. 이 년 후인 1953년 프랑스 파리 공연에서 던햄은 다시 모험을 감행했다. 파리 관객의 사랑을 받아 온 던햄은 관계자들의 만류에도 불구하고 「사우스랜드」를 공연했으나 반응은 신통치 않았다. 공산주의 계열의 언론에선 인종차별에 반대하는 메시지를 찬양했으나 보수적인 신문들은 던햄의 직설적인 메시지를 달가워하지 않았다.

　암묵적 룰을 깨뜨린 대가는 컸다. 무용수들은 「사우스랜드」로 인해 자신들의 안위와 무용단의 활동이 위협받을 것을 걱정했다. 그리고 그 우려는 현실로 드러났다. 던햄은 조국의 치부를 드러내서라도 개선하는 것이 애국이라고 보았으나 미국 국무부에선 그 자체를 반정부적이고 전복적인 행위라 여겼다. 냉전시대에 미국에 대한 비판은 곧 공산주의에 대한 찬동으로 해석되었고, 매카시즘의 열풍 속에 예술가의 이러한 문제 제기는 사상적 불온함을 의미했다. 칠레 공연 후 미연방수사국(FBI)은 던햄의 공산주의 성향을 조사하는 파일을 만들어 지속적으로 관찰했다.

게다가 1950년대는 냉전 구도 속에서 미국 정부가 자유 진영을 단합시키고, 자국의 이미지를 높이기 위해 예술가들을 문화 사절단으로 해외에 파견하던 시절이다. 앨빈 에일리나 호세 리몽(José Limón)과 같은 유색인 미국 무용가들은 미국의 인종적 화합을 상징하는 데 안성맞춤이었기에 국가적 후원으로 해외 투어를 다녔다. 던햄무용단은 그 명성과 경력에도 불구하고 한 번도 선정되지 못했으며, 그녀 스스로 추진한 해외 공연마저 번번이 취소되거나 제약이 따랐다. 1956년에는 중국의 경극단이 던햄무용단을 초청했다. 핑퐁외교 이전이었으니 문화예술적 영광일 뿐 아니라 외교적으로도 큰 전환점이 될 수 있었지만 그녀의 허가 요청에 미국 정부는 여권을 포기하고 무용수 일 인당 만 달러의 벌금을 내라고 통보했다. 결국 던햄은 중국 공연을 포기했다. 「사우스랜드」는 그녀의 정신력과 담대함을 허물어 버렸고, 칠레와 프랑스 공연 이후 더 이상 공연되지 않았다. 던햄은 1948년부터 1967년까지 미국 내의 인종차별을 견딜 수 없어 주로 해외에서 거주했다. 1955년 자신의 무용학교를 닫고 1967년 경제적 어려움으로 무용단을 해체했다.

내 모든 걸 잃더라도 바꿀 수 있다면

문제작을 되살릴 용기

1999년 구십 세 생일을 맞은 자리에서 던햄은 자기 생에 남은 미련이 있다면 「사우스랜드」를 미국에서 공연하지 못한 것이라고 토로했다. 던햄은 칠 년 후인 2006년에 사망했지만 그녀가 남긴 말은 그 자리에 함께 한 사람들에게 유언으로 남았다. 미국 덴버 시에서 자신의 무용단을 운영하는 클레오 파커 로빈슨(Cleo Parker Robinson)은 2010년에 던햄의 제자로서 그녀의 마지막 부탁을 받아들였다.

로빈슨은 「사우스랜드」의 복원을 위해 미국연방예술기금(NEA)의 미국의 명작(American Masterpiece) 부문에 신청해 십만 달러를 지원받았다. 미국 정부가 공권력을 동원해 그토록 억눌렀던 작품이 이제 와서 '미국의 명작'으로 승인되다니 격세지감마저 느껴진다. 그러나 이러한 승인이 「사우스랜드」의 낙인을 말끔히 지운 것은 아니다. 로빈슨은 기금을 신청하면서 심리적 동요와 두려움을 겪었다고 고백했다. 자신과 무용단의 미래가 뒤흔들릴 수도 있다고 느꼈기 때문이다. 낙인은 그런 것이다. 복원 공연에서 줄리 역을 맡은 수전 리처드슨(Susan Richardson)은 흑인이 다수인 이 무용단에서 활동하는 백인 무용수이자 리허설 감독으로, 역시 줄리 벨라폰테와 동일한 심리적 압박을 겪었다. "아무도 내가 이걸 하는 것을 보지 않았으면 좋겠다. 나를 어떻게 생각하겠는가?"라고 그녀는 토로했다. '흑인의 생명도 소중하다(Black Lives Matter)'는 슬로건을 내세운 흑인인권운동이 유효한 미국 사회에서 「사우스랜드」는 과거의 걸작으로 박제될 수 없다.

「사우스랜드」의 복원은 쉽지 않았다. 1950년대 작품답지 않게 기록이 적었다. 영상 자료가 남아 있지 않으며, 대본, 의상, 음악에 대한 자료도 미비하다. 해외 공연 중에 제작된 점, 특히 정치적 압박 속에서 공연을 감행한 점 때문이라 짐작된다. 여든이 넘은 줄리 벨라폰테가 복원에 참여하고 상당한 재해석을 통해「사우스랜드」는 2012년 미국 덴버 시에서 재공연되었다. 육십 년 만에야 비로소 고국의 관객들에게 선보인 것이다. 던햄은 이제 곁에 없지만 미국 관객들은 한 예술가가 자기 커리어를 불살라서라도 이루고자 했던 염원을 읽어냈다.

내 모든 걸 잃더라도 바꿀 수 있다면

창조자를 압도해 버린 피조물

앨빈 에일리의 「계시」

나의 가장 큰 소망은 미국 흑인 무용가들이 주류 미국춤에 합류하는 것이다. 정문을 통해.[56]

— 앨빈 에일리

영화 「어바웃 어 보이(About A Boy)」에는 크리스마스 캐럴을 히트시킨 아버지 덕분에 평생 백수로 살아가는 남자가 등장한다. 캐럴 시즌이면 어김없이 쌓이는 저작권료가 반가우면서도 캐럴 제목만 말해도 사람들의 입에서 반사적으로 흘러나오는 멜로디에 지긋지긋해하는 장면이 나온다. 히트곡 작곡가의 아들도 그러할진대 당사자는 어떨까?

작곡가가 곡 하나를 크게 성공시켰으나 이에 필적한 곡을 내놓지 못하는 경우를 '원 히트 원더(one-hit wonder)'라고 부른다. 「마카레나(Macarena)」 같은 곡이 대표적이다. 대개의 창작자들은 그만큼의 성공 자체를 부러워하겠지만 당사자에게 원 히트 원더는 족쇄이다. 아무리 신곡을 꾸준히 발표해도 이십 년 전의 노래만 듣고파 하는 대중을 바라보는 것은 분명 고통스러울 것이다.

미국 안무가 앨빈 에일리(Alvin Ailey, 1931–1989)의 「계시

(Revelations)」(1960)는 무용계에서 가장 유명한 원 히트 원더이다. 「계시」의 기록은 어마어마하다. 초연 이후 지금까지 칠십일 개국 약 이천삼백만 명의 관객이 관람했으며, 1968년 멕시코시티 올림픽 개막식, 지미 카터 대통령과 빌 클린턴 대통령의 취임식 등 굵직한 국가 행사에도 등장했다. 냉전시대에 미국 정부의 후원으로 세계 순회공연을 했고, 1970년에 서방세계 무용단으로는 최초로 소련에서 공연했다. 물론 텔레비전에서도 수차례 방영되었으며 이 작품을 토대로 한 교육 프로그램도 현재까지 운영되고 있다. 무용 작품이 누릴수 있는 영광을 흠뻑 누린 셈이다.

「계시」는 에일리의 초기작이자 그를 대표하는 작품이다. 그는 1953년부터 사망하기 한 해 전인 1988년까지 총 일흔아홉 편의 작품을 안무했다. 그중엔 「블루스 스위트(Blues Suite)」나 「크라이(Cry)」처럼 흥행작도 많지만 그 어느 것도 「계시」의 성공에는 필적할 수 없다. 일례로 에일리의 자서전 제목이 『계시(Revelations)』이고, 평전의 제목은 『계시 춤추기(Dancing Revelations)』인 것만 봐도 알 수 있다.

그러나 「계시」는 그저 기특한 화수분에 머무르지 않았다. 관객의 환호를 먹고 성장한 피조물은 안무가나 무용단이 제어할 수 없을 정도로 비대해졌다. 앨빈에일리아메리칸댄스시어터(이하 에일리무용단)의 공연을 보러 가는 것은 「계시」를 보러 가는 것을 뜻했고, 「계시」는 이 무용단의 존재 이유가 되었다. 에일리는 「계시」의 속박에서 벗어나고자 여러 가지를 시도했다. 공연 프로그램에서 「계시」를 뺐다가 관객들의 거센 항의로 다시 넣기도 했다. 프로그램 초반에 「계시」를 넣자 관객들이 이것만 보고 집에 가는 바람에 「계시」는 항상 마지막 순서로 공연하게 되었다. 오늘날에도 에일리무용단의 공연은 거의 매 회 「계시」로 마무리된다. 에일리의 표현대로 「계시」

는 '그의 목에 매달린 앨버트로스(the albatross around his neck)'[57]가 되었다.

블러드 메모리[58]의 서사

「계시」의 팬덤이 유난스러운 이유는 에일리가 주장하듯 미국 흑인의 '블러드 메모리'에 대한 춤이기 때문이다. 인종차별이 팽배했던 텍사스 남부에서 자란 흑인 안무가 에일리에게 남은 유년의 기억은 일요일에 교회를 가기 위해 원색의 외출복으로 차려입은 사람들, 강가에서 펼쳐지던 침례 의식, 목사의 설교와 성가대의 합창, 그 냄새와 후텁지근함, 바람에 흔들리는 갈대 등이다. 이러한 편린들을 형상화한 「계시」는 미국 흑인들이 지닌 문화적 경험과 기억이 쓸모없는 게 아니라고, 주류 백인 문화보다 열등한 게 아니라고 말한다.

　「계시」의 구성은 명료하다. '슬픔의 순례(Pilgrim of Sorrow)' '나를 물가로 데려가오(Take Me to the Water)' '움직여라, 군중이여, 움직여라(Move, Members, Move)'의 세 부분으로 구성되었는데, 각각 노예 생활, 침례 의식, 교회 예배를 소재로 한다.

　'슬픔의 순례'는 노예의 경험을 추상적으로 표현한다. 갈색 의상을 입은 남녀 무용수들이 역삼각형 대형을 이루어 땅에서 솟아나 다시 땅으로 돌아가는 과정은 고난과 구원을 형상화한다. '나를 물가로 데려가오'는 흰색과 파란색을 테마로 해 미국 남부 교회의 침례 의식을 묘사한다. 나뭇가지와 흰 천, 커다란 흰 양산을 든 무용수들이 등장하며 여유롭고 풍부한 의식을 수행한다. 배꼽에서부터 사지로 자유로이 요동치는 움직임이 흑인 음악 특유의 당김음과 폴리리듬(한 곡 안에서 대조적인 리듬을 동시에 연주하는 방법)에 어우러진다. '움직여라, 군중이여, 움직여라'에서는 노란 드레스와 노란

　창조자를 압도해 버린 피조물

「계시」의 도입부인 '슬픔의 순례' 중 '나는 질책당했네'의 한 장면. 아카펠라로 이루어진 허밍이 조용히 흐르는 가운데 무용수들은 떠내려가지 않으려는 듯이 한 덩어리가 되어 호흡한다. 에일리무용단. 2011.

창조자를 압도해 버린 피조물

모자로 차려입은 여성들이 의자를 옆구리에 끼고 밀짚 부채를 부치
며 등장한 뒤, 수다를 떨고 웃는다. 무더운 남부 교회의 느긋한 풍경
에서 시작해 점차 달아오르는 남녀 무용수의 흥겨운 춤에 무대 너머
관객도 합류한다.

　내밀한 자기 성찰에서 시작해 탁 트인 강가에서의 의식, 그리
고 공동체적 연대로 전개되는 서사는 에일리의 자전적인 기억과 맞
닿아 있는 동시에 미국 흑인의 역사적 경험, 그리고 절망에서 희망
으로 나아가는 인간의 모습을 읽어낼 수 있다. 그중에서 무엇보다도
「계시」의 강점은 날을 세우지 않는다는 데 있다. 노예제라는 폭력적
이고 고통스러운 경험을 담으면서도 분노의 대상을 직설적으로 지
목하지 않았기에, 그리고 흥겹고 떠들썩한 난장으로 마무리해 마치

「계시」의 '나를 물가로
데려가오' 중 한 장면.
새파란 배경에 온통
흰 옷으로 침례교의
의식을 상징화한
이 장면에서 흰색
양산을 든 무용수들이
골반으로부터 온몸을
물결처럼 출렁이며
유유히 행진한다.
에일리무용단. 2011.

「계시」중 '움직여라,
군중이여, 움직여라' 중
한 장면. 태양이 작열하는
미국 남부 교회를
배경으로 잘 차려입은
무용수들이 의자와
부채를 들고 인사를
나눈다. 에일리무용단.
2011.

문제가 해결된 듯 카타르시스를 느끼게 해 주기에 이 작품은 누구도
불편하게 만들지 않는다. 싫은 소리라곤 하지 않는 사교계 인사처럼
「계시」는 인종 갈등이 첨예하던 1960년대 미국 사회에서도 두루 사
랑받았다.

주크박스 댄스 콘서트

영가는 「계시」의 뼈대이다. 어린 시절 엄마가 흥얼거리던 노래, 예
배에서 듣던 설교와 찬송가, 학교 합창단에서 부르던 가스펠 등의
흑인 음악은 에일리에게 각인되었다. 고통스러운 현실로부터의 탈
출, 내세에서의 자유와 희망을 노래하는 영가는 아프리카에서 노예
로 끌려온 미국 흑인의 역사를 담고 있으면서도 동시에 인간 보편의
감정을 응축해 드러낸다. 영가를 자양분 삼아 탄생한 「계시」는 흑인
공동체의 경험, 희망과 믿음에 대한 깊은 감정을 형상화했다.

　　　　　　　　　　　　창조자를 압도해 버린 피조물

「계시」는 주크박스 댄스 콘서트라 할 수 있다. 「주여, 나를 치유해 주오(Fix me, Jesus)」「물가로 들어가라(Wade in the Water)」「아브라함의 품에 반석같이 안겨(Rocka My Soul in the Bosom of Abraham)」 등 흑인들에게 친숙한 영가가 메들리로 이어진다. 짧막한 히트곡이 이어지는 주크박스 형식은 군무, 일인무, 이인무 등의 구성을 다채롭게 보여주면서도 재구성과 수정이 쉽다는 점에서 실용적인 안무 전략이 된다. 초연 시엔 여덟 명의 무용수와 네 명의 합창단이 무대에 함께 등장해 한 시간 동안 열여섯 곡을 선보였으나, 조금씩 수정되어 현재는 삼십 분 분량의 열 곡으로 압축되고 무용수는 열아홉 명까지 확장되었다.

그런데 아바(ABBA)의 음악을 엮은 뮤지컬 「맘마미아(Mamma

「계시」의 '움직여라, 군중이여, 움직여라' 중 남성 삼인무인 '죄인(Sinner Man)' 장면. 남성 무용수의 폭발적인 에너지와 역동적인 테크닉이 응축된 춤이다. 에일리무용단. 2011.

Mia!)」가 그러하듯, 주크박스 형식은 작품에 선행하는 주제나 예술적 목표보다는 기존 히트곡에 맞춘 것이기에 인기에 비해 비평적인 인정은 박하다. 「계시」 역시 그러하다. 당시의 현대무용은 자신만의 움직임을 개발하고 장르의 본질에 다가가려는 작업에 충실하던 시기였다. 이에 비해 「계시」는 쉬운 춤이었다. 각 춤은 음악의 고저와 양감을 그대로 시각화하고, 가사의 내용과 질감을 그대로 표현한다. 군무와 솔리스트의 대조가 확실해 주제와 변주를 쉽게 구분할 수 있고, 처음의 주제가 마지막에 되돌아오는 'A–B–C–D–A'의 구성이기에 완결된 충족감을 준다. 게다가 재즈댄스, 발레, 현대무용, 아프리칸 댄스 등 다양한 춤 양식이 절충적으로 결합되었다. 「계시」는 현대무용이 어렵지 않고, 심지어 재미있을 수도 있다는 걸 보여주었다. 이를 상업적인 엔터테인먼트, 혹은 입문 단계의 습작으로 치부한 비평가들도 있었으나 에일리는 아랑곳하지 않았다. "쇼 비즈니스라는 게 부끄럽지 않다. 흑인들은 이에 긴 전통이 있고, 이는 또한 우리 무용단이 매우 잘하는 것이다."[59]

문화사절단의 영광과 부담

에일리는 미국 서부에서 대학을 다니다 무용에 입문했다. 그는 1950년대 중반에 뉴욕에 와서 브로드웨이 쇼에 출연하다가 픽업 무용단(연 단위의 장기 계약을 맺기보다 작품마다 새롭게 구성원을 조직하고 짧게 계약해 운영하는 무용단)을 조직해 1958년에 데뷔했다. 1960년에 초연된 「계시」는 불과 이 년 후인 1962년에 더블유시비에스 티브이(WCBS-TV) 방송국에서 전국으로 방영되었으며, 같은 해 미국 정부의 후원 아래 십삼 주 동안 호주, 홍콩, 베트남, 일본, 한국 등을 순회하는 아시아 투어에서 단골로 공연되었다. 이

창조자를 압도해 버린 피조물

후로도 계속 승승장구했다. 「계시」에 대한 이런 전국구에서의 명성과 정부의 지원은 상식에 어긋나는 정도였다. 겨우 데뷔 공연을 치른 서른한 살의 흑인 무용가를 미국을 대표하는 예술가로 끌어올린 힘은 무엇일까. 게다가 1960년대 초는 민권운동이 본격화하던 시기 아니었던가. 마틴 루터 킹이 '나에겐 꿈이 있다(I have a dream)'고 연설한 것이 바로 1963년이었다.

에일리무용단이 미국문화의 공식적인 대표가 되는 데에는 냉전시대의 문화전쟁이 크게 작용했다. 1950년대 중반부터 미국 정부는 공산 진영에 대항해 자유민주주의 체제의 우월함을 과시하고 미국문화의 이미지를 제고하기 위해 예술가들을 선발해 파견했다. 정부의 입장에서 볼 때 흑인 현대무용단은 내부적으로 극렬해 가는 인종 갈등에 대한 부정적인 이미지를 해소하고 미국의 문화적 다양성과 포용력을 과시하는 데 적절했다. 긍정적이고 무해한 「계시」를 필두로 에일리무용단은 국내 관객보다도 해외 관객들에게 높은 인지도를 쌓으며 주류 무용단으로 성장했다.

수년 동안 끝없이 이어지는 투어, 공연, 인터뷰, 각종 사교 행사에 넌덜머리 내면서도 에일리가 오랜 기간 버틸 수 있었던 것은 흑인 무용가로서의 사명 때문이다. 당시 미국 무용계에서 흑인 무용수에게 주어진 선택지라곤 육감적인 혹은 '흑인만의' 토착적인 춤을 추는 것 정도였다. 에일리는 백인의 영역이라고 여겨졌던 현대무용에서 흑인 무용수의 자리를 마련하고 그들에게 다양한 표현의 자유를 주고자 했다. 특히 그의 활동은 국제적 명성을 바탕으로 학교나 무용단 등의 제도적 기반을 갖추었다는 점에서 당시 여타 흑인 현대무용가들의 모습과 차별되었다.

이례적인 성공으로 인해 「계시」는 블랙 댄스의 표본이 되었다. 젊고 활기찬 흑인 무용수의 몸, 흑인의 문화적 정체성을 긍정하는

인종차별이 심하던 미국
남부 출신의 흑인 안무가
앨빈 에일리는 '토착춤'이
아닌 '예술춤'에서 흑인의
경험을 담아내고자 했다.
1950-1960년경.

것, 다양한 춤 장르의 혼합. 여러 안무가의 레퍼토리를 선보이는 것
은 이후 흑인 현대무용단의 전통이 되었다. 필라델피아댄스컴퍼니,
댈러스블랙댄스시어터 등의 무용단들이 속속 등장했는데 모두 에
일리무용단의 춤과 운영 방식을 따랐다.

「계시」가 몸집을 불리며 연쇄반응을 일으키는 동안 흑인 안무
가로서의 야심과 책임감은 에일리 개인을 압도했다. 에일리는 커리
어 초반부터 미국을 대표하고 흑인을 대표했다. 자신에게 주어진 기
회를 증폭시키기 위해 그는 무용단뿐 아니라 레퍼토리 앙상블, 학생
워크숍, 댄스 센터 등 다수의 조직을 운영했다. 이사회의 간섭과 방

　　　　　　　　　　　　　창조자를 압도해 버린 피조물

대한 조직의 압박은 그의 목을 죄었다. 예술적 자유를 잃고 자기 작품에서 소외된 에일리는 끝없는 심리치료와 마약중독에 빠졌다가 결국 1989년 에이즈로 사망했다.

새로운 아우라

수년 전 일이다. 필라델피아 아넨버그센터에 들어서자 낯선 풍경이 펼쳐졌다. 필라델피아에 살던 몇 해 동안 여러 무용 공연을 보았지만 로비가 흑인 관객들로 꽉 찬 것은 처음이었기 때문이다. 에일리 무용단의 공연이었다. 물론 내가 봤던 날의 공연 역시 「계시」로 마무리되었다. 다른 이들처럼 나 또한 에일리무용단이라면 「계시」를 봐야 한다고 생각했기 때문이다. 「계시」 공연의 막이 오르기도 전에 관객의 박수와 호응이 시작되었다.

앨빈 에일리의 「계시」는 무용 작품이 아니라 현상이고 경험이다. 따라서 디브이디나 유튜브로 이 작품을 감상하면 작품의 반쪽밖에 보지 못한다. 나머지 반쪽은 객석에서 완성된다. 영화 「맘마미아」와 「보헤미안 랩소디(Bohemian Rhapsody)」의 싱어롱(sing-along, 영화나 뮤지컬, 콘서트 등에서 관객들이 함께 노래를 따라 부르는 형태) 상영회에서처럼 「계시」는 현장에서 참여하는 데 의의가 있다. 특히 미국 흑인 관객에게 「계시」는 통과의례이자 집회이다. 공연 전 로비에서 느껴지는 흥분과 설렘, 막이 오르기도 전에 들려오는 박수 소리와 공연 중간중간 터져 나오는 호응은 이 작품이 관객에게 의미하는 바를 명확히 드러내고 있다.

유명한 무용 작품이라면 여러 무용단에 의해 공연되고 재해석되곤 한다. 이 책에서 다룬 「백조의 호수」「불새」「봄의 제전」만 해도 일일이 나열할 수 없을 정도로 수많은 안무가들이 재해석하고 해체했다. 그런데 「계시」는 다르다. 에일리무용단이 아닌 단체가 이 작품을 공연하는 경우는 드물다. 테크닉이나 스타일의 측면에서 어려워서는 아니다. 「계시」는 감상의 대상이 아니라 경험의 대상이기에 에일리무용단이 공연하는 작품을 직접 보는 것이 중요하기 때문이다. 희한하게도 「계시」의 아우라는 원심력보다는 구심력으로 응축되고 있다. 무용 작품의 보존, 재공연, 감상이 더없이 쉬워지고 한 무용가가 구축한 움직임 어휘를 누구나 자유자재로 골라 쓸 수 있는 오늘이지만, 「계시」는 고집스러울 만큼 신성한 경험으로 남았다. 그것은 「계시」가 오늘날에도 여전히 유효한 질문을 던지기 때문일 것이다.

　「계시」는 아프리카에서 노예를 실어 오던 노예선의 이미지에서 출발해 미국 남부 흑인으로 살아온 경험에 깊게 뿌리내려 피어난 춤이다. 그러나 이러한 구체적인 풍경 속에서 모두는 각자의 이야기를 읽어낸다. 흑인의 블러드 메모리에 대한 춤은 거기에 한정되지 않고 인간 보편의 고난과 구원을 전달한다. 그래서일까. 2020년 코로나바이러스감염증-19(COVID-19)로 자가격리가 시작되고 무대와 연습실을 잃은 무용계가 혼돈에 빠졌을 때 육십주년을 맞은 에

2020년 5월 18일 유튜브에 업로드된 에일리무용단 단원들의 「계시」 안무 영상 중에서. 코로나19로 인해 각자의 공간에서 격리 중인 무용수들이 따로 또 함께 '나는 질책당했네' 군무를 완성한다.

173　　　　　　　　　　　　　　창조자를 압도해 버린 피조물

일리의 「계시」가 말 그대로 계시처럼 다가왔다. 에일리무용단의 단원인 다니카 파울로스(Danica Paulos)는 각자의 집에 있는 무용수들에게 부탁해 「계시」의 도입부인 '나는 질책당했네(I've Been 'Buked)'를 춤춘 영상을 편집해 인스타그램과 유튜브에 업로드했다. 파울로스가 직접 핸드폰 녹화 버튼을 누르며 시작된 영상은 한 무용수에서 다른 무용수로 이어지다가 마지막에는 퀼트 조각처럼 이어 붙인 온라인 군무로 완성되었다. 은퇴를 앞둔 이들을 비롯해 열 명의 무용수가 마당에서, 베란다에서, 거실에서 혼자 또는 파트너와, 아이들과, 강아지와 춤을 추었다.

무용수들이 한 덩어리로 밀집한 채 팔을 뻗어 올리는 '나는 질책당했네'의 도입부는 비인간적으로 흑인을 실어 나르던 노예선의 고통을 연상케 한다. 그런데 파울로의 영상 속에서 제각각의 공간 속에 고립된 무용수들은 원작에서보다도 위태롭고 불안해 보인다. "나는 꾸짖음받고 질책당했네. 이 세상은 고통으로 가득 찼지. 내 믿음을 내려놓지 않을 거야. 나는 꾸짖음받고 질책당했네." 단어 하나하나가 짓누르는 무게를 이겨내며 무용수들은 느리고 무겁게 가라앉다가 손바닥을 활짝 펴 앞쪽으로 뻗어내고 고개는 완전히 젖힌다. 자신의 부족함과 약함을 인정하고 절대적인 존재에 스스로를 완전히 내맡긴 인간은 슬픔과 고통 속에서도 희망과 연대를 놓지 않는다. 우리 모두가 마주한 혼돈 속에서 길이 보이지 않을 때 에일리의 「계시」는 우리를 서늘한 알아차림으로 이끈다. 우린 나아갈 수 있다고, 함께 갈 수 있다고.

거장이 되지 않는 반항아

이본 레이너의 「트리오 에이」

스펙터클의 부정, 기교의 부정, 변형과 마술, 환상의 부정, 스타 이미지의 매력과 탁월함의 부정, 영웅주의의 부정, 반영웅주의의 부정, 잡동사니 이미지의 부정, 공연자나 관객의 몰입 부정, 스타일의 부정, 과장된 몸짓의 부정, 관객을 현혹시키는 공연자의 잔꾀 부정, 기이한 행동의 부정, 감동을 주고받는 것의 부정.[60]

—이본 레이너

흑백 영상에 간편한 검은 운동복 차림의 단발머리 무용수가 나타난다. 무용수는 걷다가 멈춰서 팔을 돌리거나 다리를 꼬고 바닥에 앉았다가 일어나 하늘을 쳐다본다. 동작들은 쉬워 보인다. 높이 뛰어오른다거나 팽이처럼 돌거나 하는 등의 테크닉이랄 게 없으며, 춤특유의 멋 부리기나 과장스러운 감정 표현도 없다. 오히려 우리가 일상에서 몸으로 익히 경험해 온 동작들과 닮았기에 지극히 평범해보인다. 그러나 동시에 예측 불가하고 복잡하다. 하나의 동작은 반복되지 않으며 그 다음 동작과 연관성이 없어 전체의 패턴을 익히거나 구조를 파악하기 어렵다. 무용수는 관객의 시선을 외면한 채 주어진 과제를 처리하듯 건조하게 동작을 수행한다. 이때 동작의 빠르

175

「트리오 에이」 기록 영상의 한 장면. 영상 속의 이본 레이너는 관객을 보지도, 테크닉을 뽐내지도 않으며 균질하게 움직인다. 1978.

기나 에너지, 강약이 평평해져서 모든 동작이 균질하고 단조로워진다. 그래서인지 사 분 삼십 초 정도의 춤은 매우 길게 느껴진다.

이본 레이너(Yvonne Rainer, 1934–)의 「트리오 에이(Trio A)」 (1968)는 포스트모던댄스의 상징이다. 느슨한 예술가 단체인 저드슨댄스시어터는 1960년대 뉴욕에서 활동했던 실험적인 예술가들의 구심점이었고, 레이너는 그 중심에 선 인물이었다. 「트리오 에이」는 저드슨댄스시어터의 다채로운 작품 중에서도 독보적인 스포트라이트를 받았다. 무용학자 샐리 베인즈나 뉴욕 다운타운 신문 『빌리지 보이스(The Village Voice)』의 무용비평가 질 존스턴(Jill Johnston)과 같은 지식인들이 유독 「트리오 에이」를 찬양했다. 짧고 추상적이면서도 집요한 실험 정신이 두드러졌기 때문일 것이다.

게다가 레이너의 짧았던 커리어 역시 「트리오 에이」의 신화화에 한몫했다. 1960년대에 활발히 활동하던 레이너는 1970년대부터는 자전적이고도 실험적인 영화에 몰두하다가 최근에야 다시 무용으로 복귀했다. 레이너가 영화계로 이적한 후 베인즈는 그의 저서 『포스트모던댄스(Terpsichore in Sneakers)』에서 저드슨댄스시어터를 중심으로 한 춤 경향을 '포스트모던댄스'라 명명하고 「트리오 에이」를 '포스트모던댄스의 이정표'로 지목했다. 스니커즈를 신고 경쾌하게 뛰어오르는 「트리오 에이」 속 레이너의 사진은 1960년대 미국의 아방가르드 예술 및 저항 정신을 상징하는 이미지로 박제되었다.

모든 것이 가능했다

1960년대 뉴욕 이스트빌리지에 위치한 저드슨 메모리얼 교회는 진보적이고 실험적인 다운타운 예술가들의 성역이었다. 개방적인 목사였던 하워드 무디(Howard Moody)가 지역의 예술가들에게 교회 지하실을 개방하자 무용가, 극작가, 음악가, 영화감독 등, 다양한 예술가들이 모여들었던 것이다. 1962년 한 무리의 무용가들이 무디에게 공간 사용을 요청했다. 이들은 이본 레이너, 스티브 팩스턴(Steve Paxton)을 비롯한 실험적인 성향의 젊은 무용가들로, 커닝햄의 스튜디오에서 움직임 구성 워크숍에 참가하던 중이었다. 워크숍은 음악가 로버트 던(Robert Dunn)과 그의 아내이자 커닝햄무용단의 무용수였던 주디스 던(Judith Dunn)이 이끌었는데, 동전 던지기 등의 우연적인 요소를 통해 춤의 관습에서 벗어나 가능성을 확장했던 커닝햄의 실험 정신을 전수했다. 평가와 공식에서 해방된 워크숍 참가자들은 모든 움직임과 재료를 거침없이, 극단적으로 실험했다. 워크숍을 통해 다양한 실험들이 쌓이면서 1962년 7월에 저드슨 교회 지하에서 첫 발표회가 열렸다. 훗날 저드슨댄스시어터로 명명된 혁신단

거장이 되지 않는 반항아

이본 레이너의 「트리오 에이」 중에서. 평상복에 스니커즈 차림으로 뛰어오르는 레이너의
「트리오 에이」는 포스트모던댄스의 상징이 되었다. 1982.

체의 탄생이었다.

　발표회의 발단은 다소 초라했다. 저드슨 멤버들은 당시 미국 현대무용의 성지라고 할 수 있던 92번가 유대교청년회(YMHA)가 주최하는 연례 '젊은 안무가전' 공연 오디션에서 죄다 탈락하자 스스로 공연을 꾸렸다. 마치 프랑스의 국선미술대회라 할 수 있던 살롱전에 떨어진 화가들을 모은 낙선전이 인상주의 회화라는 혁신을 가져온 것처럼 말이다. 에어컨도 나오지 않는 교회 지하실에서 펼쳐진 세 시간에 달하는 공연에서 무용수들은 서로의 작품에 교대로 출연하고 관객들은 바닥에 앉아 이를 관람했다. 저드슨댄스시어터는 이렇게 가볍게 결성되고 느슨하게 조직된 예술가들의 모임으로 출발했다.

　"스티브 팩스턴은 걷기를 발명했고 나는 뛰기를 발명했다."[61] 레이너의 우스갯소리다. 저드슨댄스시어터는 일상적이고 평범한 움직임을 춤의 어휘에 끌어들였다. 이전 세대의 현대무용가들이 드라마틱한 감정을 진지하고 격정적으로 표현했다면, 이들은 예술과 일상의 구분을 없애려는 듯 단순하고 평이하게 움직였다. 대신 모든 움직임이 가능했다. 매트리스를 이곳에서 저곳으로 옮기는 것도, 우산을 든 채 롤러스케이트를 타는 것도(프레드 허코, Fred Herko), 여러 명이 함께 철봉에 매달리거나 사다리에 올라가는 것도 모두 춤이 되었다. 움직임이 꼭 중요한 것도 아니었다. 설거지용 스펀지를 모아 샌드위치처럼 입에 넣고(루신다 차일즈, Lucinda Childs), 피가 튄 실험복을 입은 채 노래하고(데이비드 고든, David Gordon), 초등학교 때 선생님 이름과 자신이 살던 동네의 거리 이름을 읊었다(이본 레이너). 샐리 베인즈가 자기 책의 부제로도 강조했듯 '모든 것이 가능했다(everything was possible).'[62] 이건 분명 사회에서 통용되는 춤의 형태에서 한참 벗어나 있었다. 작곡가 스티브 라이히(Steve

　　　　　　　　　　　거장이 되지 않는 반항아

Reich)의 회상에서 드러나듯이 말이다. "1960년대에는 한동안 사람들이 아무도 춤추지 않는 무용 공연장에 가곤 했으며, 이어서 파티가 벌어지면 모두가 춤추었다."[63]

「트리오 에이」가 탄생할 수 있었던 데에는 공간의 힘이 컸다. 1962년의 첫 공연 이후 1968년까지 저드슨 교회에서는 워크숍 및 공연이 지속되었다. 경제적 부담 없이, 아무런 간섭 없이, 마음껏 이용할 수 있는 공간이 생겨나자 춤이 만들어지고 공연되는 방식 역시 변했다. 예술가들은 더 자주, 더 싸게, 더 친밀하게, 그리고 더 협동적으로 만나고 실험할 수 있었다. 게다가 공연도 일 년에 한두 번씩 커다란 공연장을 빌려 잠시 공연하고 사라지는 것이 아니라, 창작 과정을 공유하고 공개하며 예술가들이 지속적으로 소통할 수 있게 되었다. 미완성작이 완성작만큼이나 자주 공연되었고, 뚜렷한 예술적 의도가 없어도 가볍게 실험해 볼 수 있었다. 저드슨 교회는 실패를 두려워하지 않아도 되는 공간이자 무모한 도전에 열광해 주는 공동체였다. 그리하여 당시 진보적이고 실험적인 예술가들이 이곳에 모여들었다. 스티브 팩스턴, 데보라 헤이(Deborah Hay), 트리샤 브라운(Trisha Brown), 데이비드 고든, 루신다 차일즈 등은 포스트모던댄스의 기수가 되었고, 이들과 함께 작업했던 미술가 로버트 라우션버그(Robert Rauschenberg), 종합예술가 로버트 윌슨(Robert Wilson), 조각가 찰스 로스(Charles Ross) 등도 있었다. 실패로 단련된 이들은 각자의 분야에서 전위적 실험을 이끌었다.

어수선한 초연, 흐릿한 윤곽선

하나의 예술작품으로서 「트리오 에이」는 시작점이 어수선하고 윤곽선도 흐릿하다. 그렇기에 「트리오 에이」의 초연과 원본을 따지는 일은 복잡하다. 1965년 레이너는 매일 연습실에서 혼자 연습하던 동작을 육 개월에 걸쳐 다듬어 「트리오 에이」를 만들었다. 총 사분 삼십 초 정도가 소요되는 이 작품은 1966년 1월 저드슨 교회에서 「마음은 근육이다, 1부: 트리오 에이(The Mind is a Muscle, Part 1: Trio A)」라는 제목으로 초연되었다. 레이너와 데이비드 고든, 스티브 팩스턴이 출연해 동일한 구절을 시차를 두고 행했다. 각자의 공간과 동선에 머물렀기에 서로 소통하는 장면은 없었고, 교회의 발코니에서 간헐적으로 나뭇조각을 떨어트리는 소리를 배경음악 삼아 공연했다. 춤은 예측할 수 없이 흘러갔고 무용수는 줄곧 관객을 외면했다.

그런데 「마음은 근육이다, 1부: 트리오 에이」는 이 년 후 앤더슨시어터에서 열린 레이너의 첫 단독공연인 「마음은 근육이다(The Mind is a Muscle)」의 파일럿 버전이었다.(그 사이에 한 번 더 미완성 공연이 있었다.) 총 한 시간 사십오 분에 달하는 완성작에는 「트리오 에이」뿐 아니라 「트리오 비(Trio B)」와 「트리오 에이 1(Trio A 1)」이 포함되었고, 제목은 달라도 같은 작품에서 파생된 「강의(Lecture)」도 있었다. 결국 「트리오 에이」는 미완성작인 「마음은 근육이다, 1부: 트리오 에이」의 일부분으로 1966년에 초연되었으나 전체 공연은 1968년에 완성되었고, 그 시점엔 세 개 이상의 버전으로 분열되었다는 점에서 '원본'의 기원을 흐려 놓는다.

「트리오 에이」는 움직임으로만 존재하지 않는다. 레이너는 1966년의 공연에선 「과잉 속에서 양적으로 미니멀한 춤 활동에 나타는 일련의 '미니멀리즘적' 경향에 대한 유사 보고서, 혹은 「트리오 에이」 분석(A Quasi Survey of Some "Minimalist" Tendencies in the Quantitatively Minimal Dance Activity Midst the Plethora, or an Analysis of *Trio A*)」이라는 에세이를 발표했고,[64] 1968년의 공연 프

거장이 되지 않는 반항아

오브제	무용
제거하거나 축소하라	
1. 예술가의 손의 역할	1. 프레이징
2. 각 부분들의 위계적 관계	2. 전개와 클라이맥스
3. 질감	3. 베리에이션: 리듬, 형태, 역동성
4. 인물의 관계	4. 캐릭터
5. 환영주의	5. 퍼포먼스
6. 복잡성과 디테일	6. 다양성: 프레이즈와 공간적 장
7. 기념비적인 것	7. 거장다운 동작 묘기와 완전히 확장된 신체
대체하라	
1. 공장 제조	1. 에너지 평등과 '발견된' 움직임
2. 단일한 형식, 모듈	2. 부분들의 평등, 반복
3. 연속적인 표면	3. 반복 혹은 별개의 사건들
4. 지시 대상이 없는 형식	4. 중립적 퍼포먼스
5. 문자 그대로	5. 업무 혹은 업무 같은 활동
6. 단순성	6. 독특한 행동, 이벤트, 톤
7. 인간적 척도	7. 인간적 척도

레이너의 에세이에 수록된 도표 내용. 1960년대에 일어난 미니멀리즘 운동의 경향에 무용을 대입해 비교, 분석했다. 1966.

로그램에는 기존의 춤에서 나타나는 아이디어 고갈, 자기도취, 성적 과시를 비판하는 긴 성명서[65]를 실었다. 성명서나 에세이는 퍼포먼스 너머의 상황에 주목하게 함으로써 관객이 작품을 경험하는 방식을 바꾸어 놓았다. 결국 「트리오 에이」는 개념적인 의도를 실현한 것이기 때문에 느슨한 겉모습과는 달리 현대예술의 난해한 이론을 이해하고 그 이론이 공격하는 춤의 관습들을 인식하게 하는 흥미로운 도약이 되었다.

「트리오 에이」의 명성이 높아지면서 이 작품은 레이너의 '노 선언(No Manifesto)'의 대표적인 사례가 되었다. 에세이의 일부인 선언에서 레이너는 극적인 환영, 기교, 감정, 클라이맥스 등 기존 춤의 관습에서 벗어나 '무엇이 춤이 될 수 있는가'를 실험할 것을 강조했다. 또한 '노 선언'은 「트리오 에이」 이전에 만들어졌지만 이와는 상관없이 레이너를 떠올리면 '노 선언'이, 이어서 「트리오 에이」가 떠오르는 자동적인 연상이 완성되었다. 레이너의 짧은 활동기는 모두 이 연상으로 수렴되었다. 끈질긴 꼬리표를 떼어내려는 듯 그녀는 2008년 '수정된 선언(A Manifesto Reconsidered)'을 발표했다.

제목과는 달리 「트리오 에이」는 삼인무에 머물지 않고 무용수들의 인원, 성별, 의상, 순서 등 다양한 조건과 맥락에서 끊임없이 변주되었다. 오십 명의 학생이 춤추기도 하고(1969), 역순으로 솔로로 공연하기도 하고〔팻 캐터슨(Pat Catterson) 솔로, 1971〕, 나체로 미국 국기만 두른 무용수 여럿이 춤추기도 했다(1970, 1971, 1999). 주로 음악 없이 공연되지만 텍스트 낭독 혹은 윌슨 피켓(W. Pickett)의 「한밤중에(In the Midnight Hour)」에 맞춰 춤추어지기도 했다.

베트남전 반대 시위에 미국 국기를 사용한 갤러리 운영자가 국기 모독으로 체포되자 이에 대한 항의로 열린 민중의 국기 쇼(People's Flag Show)에서 레이너가 선보인 「국기가 있는 트리오 에이(Trio A with Flags)」. 그녀와 다섯 무용수가 나체로 국기만을 두른 채 「트리오 에이」를 추고 있는 모습을 피터 무어(Peter Moore)가 촬영했다. 저드슨 메모리얼 교회(뉴욕), 1970.

거장이 되지 않는 반항아

그녀의 마지막 춤 공연인 「이것은 어느 여인의 이야기인데…(This is the Story of a Woman who…)」에서는 그리그(E. H. Grieg)의 피아노 곡 반주에 맞춰 공연되었다.

제목 역시 다양하다. 가능한 많은 피루에트와 점프를 삽입한 발레풍의 공연은 「강의」(1967)이며, 일 년 뒤 레이너가 탭 슈즈를 신고 추는 솔로 역시 「강의」라는 제목이었다. 수술 후 레이너가 병원 회복실에서 공연했을 땐 「회복기의 춤(Convalescent Dance)」(1967)으로 불렸고, 1968년 「퍼포먼스 시범 제1번(Performance Demonstration No. 1)」이라는 공연에서는 여러 버전의 「트리오 에이」가 등장했다.

「트리오 에이」는 공연이 아니라 리허설의 형태로도 존재했는데, 레이너가 무대 위에서 베키 아놀드(Becky Arnold, 1968) 등, 다른 무용수에게 동작을 가르쳐 주는 형식이 자주 공연되었다. 2002년에는 영화감독 찰스 아틀라스(Charles Atlas)가 만든 모큐멘터리 「레이너 베리에이션(Rainer Variations)」에서 레이너가 '짝퉁' 마사 그레이엄에게 「트리오 에이」를 가르쳤다. 현대무용의 대모인 그레이엄에게 춤을 가르치다니! 그레이엄으로 분한 이는 클럽 문지기 및 나이트클럽 운영자를 거쳐 퀴어 무용가가 된 리처드 무브(Richard Move)였다. 그는 남자가 여성으로 분하는 드래그 쇼(drag show)의 관습에 따라 그레이엄을 페르소나 삼아 예술춤으로 확장시켰다. 영상 속에서 레이너는 무채색의 연습복 차림, 무브는 과장된 화장에 컬러풀한 그레이엄풍 드레스 차림이다. 포스트모던댄스의 여제가 모던댄스의 대모를 가르치는 장면이 엉뚱하고도 유쾌하다. 레이너가 건조하게 직선으로 팔을 뻗으면 무브는 필요 이상의 드라마틱한 호흡과 눈빛을 담아 손끝을 감아올린다. 무브의, 아니 그레이엄의 드라마와 과장을 참아내는 레이너의 고투가 가중되다 폭발한다. 이에 대해 '별 소득 없었다'는 레이너의 회고와는 달리, 역사적 뉘앙스가 풍성한 유희가 되었다.

　그녀의 또 다른 작품 제목처럼, 「트리오 에이」는 '매일 변화하는 연속 프로젝트(Continuous Project—Altered Daily)'였다. 레이너는 무수한 방식으로 변주를 거듭했고, 다른 이들도 이에 동참시켰다. 잘 훈련된 무용수든 아마추어든 상관없이 가르쳤고, 누가 어떠한 방식으로 추든지 개의치 않았다. 무용사의 걸작으로 회자되면서, 그리고 저작권으로부터 방치되다시피 하면서 「트리오 에이」는 누구나 손대고 도전할 수 있는 카피레프트, 공공재가 되었다. 그녀가 돌아오기 전까지는 말이다.

카피레프트에서 카피라이트로

저드슨댄스시어터는 개인보다는 집단을, 결과보다는 과정을 중시하며 춤을 실험했던 단체로, 오늘날 몇 장의 사진 이외에는 남아 있는 자료가 매우 적다. 레이너가 스스로 인정하듯 포스트모던댄스의 저항적인 정신과 실험적인 태도는 꼼꼼히 기록하고 보존하는 태도가 함의하는 보수성과 배치되기 때문이다.

> 「트리오 에이」를 보존한다는 것은 단언컨대 자기모순적인 프로젝트라 할 수 있다. 퍼포먼스, 특히 당시 수전 손택이 '적대적인 문화(adversarial culture)'라 일컬은 산물들을 보존하려는 온갖 산업들이 그러하듯 말이다.[66]

하지만 아이러니하게도 「트리오 에이」가 저드슨댄스시어터의 작품 중에서도 독보적인 명성을 누린 이유는 영상 기록의 힘 덕분이기도 하다. 「트리오 에이」는 초연이나 초기 기록물이 없다. 하지만 작품의 초연 십 년 후, 그리고 그녀가 공식적으로 춤추기를 그만둔 지삼 년 후인 1978년에 이 작품을 높이 평가했던 베인즈의 감독 하에 머스커닝햄스튜디오에서 레이너의 솔로 버전이 촬영되었다.(이 글의 도입부에 묘사된 영상이다.) 무용수는 동일하지만 세월의 흐름 속에 원작의 에너지는 누그러졌고, 레이너는 무릎도 제대로 펴지지 않은 채로 남은 기록이 마음에 안 들었다. 그럼에도 기록물의 존재는 작품의 권위를 높여 주었다.

레이너가 보존과 복원을 목표로 「트리오 에이」를 촬영한 것은 아니다. 오히려 그녀는 영상을 '춤의 민주화'의 도구로 보았다. 포스트모던댄스가 천재, 스펙터클, 걸작과 같은 위계적 가치에서 벗어나 춤에 대한 대중적이고 전복적인 접근을 이끌었던 것처럼, 무용 작품의 저작권을 주장하고 엄격하게 관리하는 것은 저항적이고 전복적인 아방가르드 예술의 본질과는 모순된다고 생각했던 것이다. 그녀는 이 춤을 배우고 싶어 하는 이들을 가르치면서 마치 복음 전도사가 된 듯 대중에게 포스트모던댄스를 전파했다고 뿌듯해했다.

문제는 춤의 민주화가 질적 저하를 야기한다는 점이었다. 레이너는 작품을 따라하는 사람들이 안무의 섬세한 측면을 살리지 못하면서 춤이 왜곡되고 춤의 핵심이 빠져나간다고 느끼게 되었다. 「트리오 에이」의 자기 진화가 거듭될수록 레이너는 불만스러워졌다. 게다가 유튜브 시대가 되자 「트리오 에이」가 더욱 피상적으로 소비되면서 제멋대로 파생해 나갔다. 여러 사람의 손을 거치고 해석의 필터를 거치다 보니 원작자가 자기 작품을 못 알아보는 상황까지 맞닥뜨리게 된 것이다.

사람들이 비디오를 보고 「트리오 에이」를 배운다는 풍문을 들게 되었을 때, 그들이 춤의 섬세한 부분을 이해하지 못한 채 대강 비슷하게 따라할 뿐이라는 걸 알았다. (…) 춤을 기록한 비디오와 필름은 실제 가르치는 것이 줄 수 있는 정확성을 결여하기 때문이다.[67]

결국 레이너는 방관적인 입장을 철회하고 그동안 방치했던 소유권을 주장하며 직접 통제하기로 결심했다. 우선 유튜브에 돌아다니는 영상을 금지했다.(여전히 부분적인 영상은 돌아다니지만 말이다.) 그리고 직접, 혹은 자신이 허락한 이들이 춤을 가르칠 때에 훨씬 더 엄격하고 강박적인 방식을 지시하게 되었다.

2002년 레이너는 린다 존슨(Linda K. Johnson)과 셸리 센터(Shelly Senter)에게 「트리오 에이」를 지도하는 리허설을 영상으로 기록했다. 그녀가 남에게 가르치는 리허설을 공연 방식으로 활용한 적은 많았지만 보존을 목적으로 기록한 것은 처음이었다. 1978년의 영상을 바탕으로 다른 사람들이 추는 「트리오 에이」를 관찰하며 레이너는 영상이 작품에 혼란과 왜곡을 야기할 수 있음을 깨달았다. 그리하여 이번 작업에선 카메라 앞에서 직접 움직이기보다는 세밀하고 완전하게 작품의 의도와 특성을 해설하고자 했다. 리허설은 무용수를 가르치기 위해 다양한 언어와 움직임, 촉각을 동원해 잘못된 동작을 지적하고 수정해 주는 과정이었다. 이를 통해 안무가의 의도가 날카롭게 드러나고, 작품의 의미를 결정짓는 자로서의 권위가 더욱 강화되었다.

또한 이듬해 여름에는 라바노테이션(Labanotation)[68]으로 춤을 기록했다. 레이너는 라바노테이션이 「트리오 에이」를 정확하게 기록할 수 있는 마지막 기회라고 여겼고, 완성된 무보를 통해 정확한 복원이 가능할지도 모른다고 생각했다. 「트리오 에이」를 라바노테

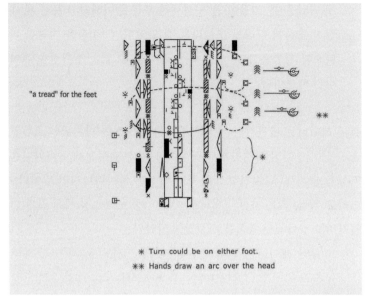

"a tread" for the feet

* Turn could be on either foot.
** Hands draw an arc over the head

라바노테이션으로
기록한 「트리오 에이」의
일부. 아래에서 위로
읽어 가며 기둥 안은
좌우 다리, 기둥 바깥은
좌우 팔의 움직임이 방향,
높이, 지속 길이 등으로
자세히 표기되어 있다.
2003.

이션으로 기록했다는 것은 의미심장하다. 변절하지 않을 것 같던 사
람이 변절했을 때처럼, 「트리오 에이」는 라바노테이션과는 가장 거
리가 멀어 보이는 작품이었기 때문이다. 여기엔 영상과 라바노테이
션에 얽힌 역사가 있다.

영상은 카메라 앞에 있는 무용수의 퍼포먼스를 기록하고 라바
노테이션은 그 안무의 구조를 기록한다. 영상은 움직임을 완전히 담
을 수 없지만 쉽고 싸다. 반면 라바노테이션은 움직임을 총체적으로
담아내지만 어렵고 비싸다. 라바노테이션이 이론상으로 우수한 기
록법이라 여겨져도 대부분의 무용수들이 여전히 카메라로, 핸드폰
으로 춤을 기록하는 이유가 바로 이것이다. 그러나 라바노테이션은
춤을 전설이 아닌 역사로 바꾸어 놓은 전환점으로, 영상이 갖고 있
는 의미보다 훨씬 더 고고한 권위를 갖고 있다. 이미 전설이 된 작품
들만 라바노테이션으로 기록될 뿐 아니라 기록됨으로써 그 전설이

강화되기도 한다. 그러니까 라바노테이션은 무용계 위계의 정점에 있고, 이제 「트리오 에이」도 그 대열에 합류한 것이다.

레이너가 「트리오 에이」의 권위를 높이고 접근성을 제한하기 위해 라바노테이션으로 기록한 것은 아니다. 오히려 무보를 무료로 공개하고 참여를 유도함으로써 영상의 오류를 바로잡을 수 있는지, 춤이 그녀가 의도한 대로 정확히 전달되는지 실험하고 싶어 했다. '사람들이 이건 어떻게 가지고 놀까요?' 하고 도발하는 것이다. "마음껏 쓰세요(무용기록법사무국에 문의한 후에)."[69] 그러나 그녀의 초대는 양가적이다. 라바노테이션을 관할하는 공식 사무소를 통과해야만 파티에 참가할 수 있으니 말이다. 또한 오늘날에는 그녀의 희망마저 옅어진 듯한데, 내가 이 책을 위해 「트리오 에이」의 라바노테이션 일부를 싣도록 허락을 요청했을 때 레이너는 사람들이 라바노테이션을 보고 춤을 재구성할 가능성을 염려했다. 영상만큼이나 라바노테이션 역시 곡해되기 쉽다는 것이다.

그래서일까. 오늘날 레이너는 사람이 직접 가르치는 방법으로 돌아간 듯하다. '트리오 에이' 워크숍이 꾸준히 개최되고 있는데, 레이너와 함께 활동하거나 그녀에게 배운 네 명의 무용수〔팻 캐터슨, 린다 존슨, 셸리 센터, 사라 우키(Sara Wookey)〕가 「트리오 에이」의 '공인 트레이너'로 지명되었다.(레이너가 직접 가르치진 않는다.) 워크숍은 매일 세 시간 반씩 총 오 일간 이루어지며 간단한 워밍업에 이어 신체적 움직임, 공간 사용, 시선, 그리고 페이스 조절에 대해 자세하게 가르친다. 또한 움직임뿐 아니라 작품의 이론적, 역사적 배경에 대한 글을 읽고, 신체적인 경험과 연관해 토론하며, 말과 글로 춤을 묘사하는 과제를 수행해야 한다. 레이너는 사 분 삼십 초짜리 춤을 완전히 전수하는 데 최소 서른 시간은 걸리고, 비전공자의 경우 오십에서 육십 시간에 달한다고 보았다. 덧붙여 비전공자가 이

거장이 되지 않는 반항아

춤을 공연하려면 반드시 자신에게 허락을 받아야 한다고 명시했다. 체계화되고 공인된 워크숍을 통해 레이너는 춤의 정체성을 유지하고 디테일을 되살리려 철저히 통제하고 있다.

사십 년만의 귀환

2018년 뉴욕현대미술관에서는 「저드슨댄스시어터: 작업은 끝나지 않는다(Judson Dance Theater: The Work Is Never Done)」 전시가 열렸다. 사진이나 영상 자료 전시보다도 워크숍, 공연, 관객과의 대화 등의 이벤트가 유독 풍부했으며, 레이너를 비롯해 저드슨 멤버들이 워크숍과 공연을 직접 진행했다. 저드슨댄스시어터에 대한 전시가 이번이 처음은 아니었는데, 뉴욕현대미술관에서만 벌써 서너번째이고 다른 기관을 합하면 훨씬 많다. 비교적 최근 역사이고 짧게 존속했으며(저드슨댄스시어터는 1960년대 중반부터 단체의 지역적 특성이 흐려지고 미국 전역으로 확산되면서 해체되었다) 그 멤버들이 아직 살아 있음을 고려할 때 이례적인 조명이다.

오늘날 뉴욕현대미술관을 비롯해 세계적인 미술관이나 예술 자료관, 무용 단체에서 오마주 공연이나 회고전이 끊임없이 개최되기에 종종 잊는 사실이지만, 저드슨댄스시어터는 철저히 비주류였다. 「트리오 에이」는 일반 관객의 취향과는 거리가 멀었다. 저드슨 교회의 지하는 관객이 공연 중 밖으로 나가려면 무대에 해당하는 영역을 가로질러야 하는 구조였다. 그럼에도 불구하고 「트리오 에이」의 초연에서 많은 이들이 불편한 표정을 지으며 나갔다고 한다. 『뉴욕타임즈(The New York Times)』의 무용비평가인 클라이브 반스(Clive Barnes)는 「트리오 에이」를 포함해 그날 공연 전체를 '자아도취자들의 헛발질'이라 비난하면서 '완전한 재앙… 정정하자, 완전한

권위에 발목 잡히지 않으려는 이본 레이너. 2014.

무(無)'[70]라고 표현했다. 다운타운의 실험적 공연에 대해선 다루지 않는 것이 뉴욕 주류 언론사의 관행이었다고 하니 이런 혹평이라도 남은 게 놀라운 일이었다.

그다지 잃을 게 없는 이들은 실패를 두려워하지 않는다. 그리고 실패를 두려워하지 않는 태도는 「트리오 에이」의 핵심이다. 대부분의 무용사 책에서 레이너는 혁신을 일으키고 떠난, 그래서 1960년대에 머무르는 인물이었다. 그런데 2000년에 불현듯 무용계로 복귀했다. 미하일 바리시니코프(Mikhail Barysh-nikov)가 이끄는 무용단인 화이트오크댄스프로젝트의 작품 의뢰를 승낙한 것이다. 무려 사십여 년만의 귀환이다. 올해 여든셋이 된 노년의 레이너는 여전히 시도하고 실패하는 데 두려움이 없어 보인다. 여전히 완성본이나 걸작을 내놓기보다는 '작업 중' 혹은 '지속적인 수정'이라는 딱지를 붙인다. 지금 내놓는 작품이 사십 년 전의 초기작을 뛰어넘지 못할지라도 체면 차리며 물러서려 하지 않는다.

그렇다면, 「트리오 에이」를 영상이나 무보로 기록하고 워크숍을 진행하고 회고전에 활발히 참여하는 그녀의 행보 역시 거장으로 군림하려는 건 아닌 듯하다. 직접 참여하고 챙기고 관여함으로써 작품이 계속해서 살아 있게 하려는 것이다. 전시장과 자료집, 역사책 속에 들어앉았던 「트리오 에이」가 먼지를 털고 일어난다. 한때 시대를 풍미했던 반항아가 슬그머니 거장이 되어 점잔 빼기보다 끝까지 현역으로 남은 것처럼 말이다.

거장이 되지 않는 반항아

작품이 아닌 작품의 기품

머스 커닝햄의 「이벤트」

춤은 관객을 향하지도, 그들을 위해 행해지지도 않는다. 춤은 〔그 자
체로〕 그들에게 제시된다.[71]
──머스 커닝햄

1964년 6월 미국의 안무가 머스 커닝햄(Merce Cunningham, 1919-
2009)은 첫번째 유럽 순회공연에서 오스트리아 빈의 이십세기미술
관(Museum des 20. Jahrhunderts)[72]에서 공연해 달라는 요청을 받았
다. 한 번이라도 더 무용단을 선보이고 싶어 선뜻 승낙했는데, 막상
미술관에 도착해 보니 공연할 장소가 극장의 블랙박스(어두운 실내
공간)와는 달리 유리와 철근으로 지어진 천장이 높은 홀이었다. 이
런 개방된 공간에서 기존 작품을 그대로 올릴 수 없다고 판단한 커
닝햄은 몇 작품의 부분을 발췌하고 엮어, 쉬는 시간 없이 구십 분 동
안 이어 갔다. 공연은 저녁 일곱시 반에 시작되었다. 커닝햄 자신을
포함해 열 명의 무용수가 춤추었고, 무용수들이 등진 커다란 통유리
창 너머로는 조각 정원이 보였다. 관객은 공연 공간 주변을 오가거
나 위층에서 내려다보며 감상했는데, 주변의 소음과 창 너머 노을이
어우러지며 극장과는 사뭇 다른 경험이 되었다.

기민한 순발력과 유연한 대응으로 이루어진 이 공연은 훗날 「뮤지엄 이벤트 넘버원(Museum Event No. 1)」이라는 이름으로 불리게 되었다. 그 후 반세기 동안 팔백 회 넘는 「이벤트」가 이어졌다. 한 해 평균 약 십육 회에 달하니 무용단의 정규 공연만큼이나 중요한 비중을 차지했다고 할 수 있다. 허나 이벤트는 이벤트일 뿐이다. 무용단의 생리를 생각해 보면 합리적인 선택이 아니다. 신작을 발표하는 게 아니기에 비평적 관심을 끌어들이거나 지원금을 받는 데 불리하다. 게다가 매번 새로운 공간에서 새롭게 접근해야 하니 할 일은 많다. 품은 들지만 남는 건 별로 없다는 셈법이다. 효율적으로 성과를 내고 빨리 공적을 쌓고 싶은 자라면 선택하지 않을 방식이다. 바로 그 점에서 「이벤트」는 거장으로 폼 잡기보다 영원한 현역으로 남고자 했던 커닝햄의 태도를 빼닮았다.

'이벤트(event)'는 텅 빈 단어다. 주어진 시공간에서 무엇인가를 행한다는 것 외엔 아무것도 정해진 것이 없다. 이 평범한 단어를 커닝햄이 전유했다. 그의 「이벤트」는 보통 육십 분에서 구십 분 동안 진행되며, 이십 분에서 사십 분으로 짧게 진행될 경우 '미니벤트(MinEvent)'라 불렀다. 여러 작품의 부분을 모아 선보인다는 점에서 언뜻 갈라와 비슷하다. 하지만 갈라가 원작의 원형을 건드리지 않고 나열한다면, 「이벤트」는 발췌된 부분들을 자유롭게 중첩시키며 매끄러운 전체로 변환한다. 물리적 결합이 아니라 화학적 합성인 셈이다. 작품인 듯 작품이 아닌 탓에, 예술이 지닌 권위와 아우라, 작품을 둘러싼 엄숙함, 작품의 유파와 계보, 레퍼토리와 정통의 잣대에서 벗어나 있다. 혁신이었다.

우주엔 고정된 점이 없다

머스 커닝햄은 일찍이 거장이 된 안무가다. '미국 포스트모던댄스의 아버지'라 불리는 그는 스무 살 무렵에 활동을 시작해 구십 세에 사망할 때까지 실험과 도전을 멈추지 않았다. 1944년에 전위음악가 존 케이지(John Cage)와 공연한 이후 인생의 파트너로서 꾸준히 함께 작업했으며, 재스퍼 존스(Jasper Johns), 앤디 워홀(Andy Warhol), 로버트 라우션버그 등 당대 실험적인 시각예술가들과 협업했다. 또한 그는 필름, 텔레비전, 비디오, 전자 악보, 컴퓨터, 모션 캡처, 인터넷 등의 테크놀로지를 앞서 받아들인 인물이기도 하다. 동시대의 무용가, 심지어 후대 무용가들까지도 영상매체를 기록의 도구로만 생각할 때, 그는 미디어를 새로운 창작의 도구로 파악하고 적극적으로 개척했다. 젊은 시절 백남준과 작업했던 그는 오십대 중반이던 1974년에 비디오 아티스트 찰스 아틀라스와 엘리엇 캐플런(Elliot Caplan)과 함께 비디오 댄스를 창작했고, 칠십대엔 '라이프폼즈(LifeForms)'라는 움직임 기록 컴퓨터프로그램을 안무 도구로 활용했다. 팔십대엔 모션 캡처를 활용해 멀티미디어 아티스트 폴 카이저(Paul Kaiser)와 셸리 에슈카(Shelley Eshkar)와의 협업으로 「손으로 그린 공간(Hand Drawn Spaces)」「바이페드(Biped)」라는 미디어 댄스를 만들었다. 구십 세에 가까운 2008년엔 '머스와 함께 하는 월요일(Mondays with Merce)'이라는 온라인 비디오 채널을 운영하며 무용단의 클래스와 리허설, 인터뷰를 보여주는 등 끊임없이 새로운 접근법과 소통 방식을 타진했다. 그는 늘, 이미 거장이었지만 한순간도 제자리에 멈춰 있지 않았다.

커닝햄은 춤을 외부적으로 확장했을 뿐 아니라 내부적으로 해체하기도 했다. 그는 발레를 배우고 미국 현대무용의 대모인 마사

비디오 아티스트 찰스 아틀라스와 협업하던 시기의 커닝햄. 그는 새로운 테크놀로지가 인간의 움직임과 만날 때 발생하는 예상치 못한 효과에 관심을 가졌다. 1981.

그레이엄무용단에서 주역 무용수로 활동했던 인물이다. 하지만 그는 발레나 현대무용의 관습에 본질적인 의문을 품었다. 왜 춤이 꼭 스토리를 전달하거나 감정을 표현해야 하는가? 춤은 춤으로 충분한 게 아닌가? 그래서 커닝햄의 춤엔 감정의 표출도, 기하학적인 무대 패턴도, 스토리와 캐릭터도 없다. 누구나 알 수 있는 중심이나 주제가 없고, 예측 가능한 전개도 없다. 무용수 간에 위계가 없으며, 남녀의 성 역할 구분도 뚜렷하지 않다. 그저 잘 훈련된 무용수가 움직일 뿐이다. '우주엔 고정된 점이 없다'는 아인슈타인의 명제가 그의 철

학이 되었다.

중심이 없다는 것이 커닝햄 춤의 미학이다. 작품의 모든 요소가 조화롭게 어우러지는 바그너의 '총체예술(Gesamtkunstwerk)' 개념과는 정반대로, 커닝햄 춤은 모든 요소가 분리된 채 공존하는 콜라주(collage)에 가깝다. 머스커닝햄무용단(이하 커닝햄무용단)이 창설되었을 때 존 케이지와 커닝햄은 공연의 길이만 정한 뒤 음악과 춤을 각자 만들어 공연장에서 처음으로 동시에 선보였다. 춤과 음악의 독립성을 확보하면서, 둘이 만났을 때 발생하는 우연의 효과에 주목했다. 케이지는 이를 '리듬적 구조(rhythmic structure)'라 불렀다. 수백 년을 이어 온 '음악에 맞춰 춤춘다'는 기본 명제를 뒤흔든 것이다. 커닝햄은 우연성을 안무의 원리로 확장해 나갔다. 『주역(周易)』 육십사괘에서 영향을 받은 그는 무용수, 신체 부위, 시간, 공간, 위치를 도표로 만들어 놓고 그 위에 동전이나 주사위를 던져 움직임을 조합했고, 동작들을 어떤 순서로 나열할지 공연 직전에 정하기도 했다. 훗날 커닝햄이 라이프폼즈를 거부감 없이 받아들였던 것도 『주역』의 상위 버전쯤으로 생각했기 때문이다.

커닝햄이 우연성과 콜라주를 평생 추구한 이유는 안무가의 몸에 밴 관습적 움직임과 개인적 취향에서 벗어나 춤의 언어를 확장하기 위함이었으며, 나아가 콜라주 자체가 현대 도시인의 삶이라고 보았기 때문이다. 빠르게 변화하는 도시에선 그 누구도 전체를 통찰하는 시각을 가지기 어렵다. 도시의 소음은 나와 상관없이 존재하며, 버스와 지하철은 저마다의 속도로 나를 스쳐 지나간다. 그에게 도시인의 삶은 부분적이고 파편화된 시각, 우연한 겹침과 결합을 통해 전체를 그려나가는 것이었다.

커닝햄의 춤은 낯설고 건조하고 차가웠다. 그래서인지 1953년 말 커닝햄무용단이 결성되어 뉴욕에서 공연했을 때 비평가가 한 명

작품이 아닌 작품의 기품

도 참석하지 않았다고 한다. 이후로도 그는 무용계에서 별다른 주목을 받지 못했다. 커닝햄은 보조금과 광범위한 순회공연, 그리고 아방가르드 예술들의 공동체에 의존하며 버텼다. 그러던 중 1964년 유럽 순회공연에서 열린 「이벤트」는 그의 전환점이 되었다. 새로운 춤과 여러 장르의 혼합, 즉흥적인 어우러짐이 응축된 「이벤트」가 큰 주목을 받게 되면서 커닝햄은 안무적 실험의 선구자로 등극했다.

확실히 「이벤트」는 커닝햄의 미학을 극대화한다. 말 그대로 「이벤트」는 매번 다른 이벤트를 의미하는데, 어떤 작품의 어떤 부분을 발췌해 조합할지 늘 다르게 정해진다. 발췌된 부분들은 기존 춤의 일부면서도 새로운 맥락과 흐름에 맞춰 재배열, 재해석되기에 원본의 논리를 담지 못한다. 대부분의 「이벤트」선 어떤 작품의 어떤 부분이 발췌되었는지 밝히지 않기 때문에 관객은 역사의 닻을 잃고 부유하게 된다. 춤뿐만 아니라 음악과 무대미술 역시 '재활용'된다. 빈에서의 첫 「이벤트」에서 쓰인 음악은 케이지가 커닝햄의 「이온(Aeon)」(1961)을 위해 작곡했던 「아틀라스 이클립티칼리스(Atlas Eclipticalis)」를 재활용한 것이었다. 또한 커닝햄의 「열대우림(Rainforest)」(1968)을 위해 앤디 워홀이 만든 은 테이프 장치가 1974년 페르세폴리스 유적지에서의 「이벤트」에서 재활용되었고, 「돌아다니기 시간(Walkaround Time)」(1968)에서 재스퍼 존스가 만든 세트는 1997년 「이벤트」에서 재활용되었다. 마치 영상 편집가가 다양한 영상과 음향 소스를 자유자재로 잘라 합성하듯, 클럽의 디제이가 여러 디스크를 틀고 긁고 중첩시켜 새로운 이디엠(EDM)으로 만들어내듯, 커닝햄은 자기 작품을 재료 삼아 새로운 「이벤트」로 만들어냈다.

「이벤트」는 매번 다른 공간에서 공연되기에 그 공간에 놓인 특정 미술 작품이 무대배경처럼 사용되기도 하고, 때론 공간의 구조

뉴욕에 위치한
미술관인 디아 비콘(Dia
Beacon)에서 공연된
「이벤트」. 이 춤은 공연이
열리는 공간에 맞춰 매번
새롭게 조합되었다. 2008.

나 조명, 질감이 작품의 요소로 반영되기도 한다. 의상 역시 미술관에 설치된 예술작품에 맞춰 제작되기도 하고, 평범한 연습복을 입고 춤추기도 한다. '원작'에선 의도하지 않았던 우연한 효과들이 겹치면서 새로운 감상을 자아낸다. 관객 역시 극장의 객석에서와는 달리 벽이나 기둥, 다른 관객의 몸에 가려진 탓에 전체 작품을 관망하는 관점을 가질 수 없기에, 언제나 불완전하게 감상할 수밖에 없다. 하나의 완결된 작품으로 고정된 춤이 아니라 그저 잠시 이곳에서 존재하고 사라질 춤이기에, 집요하게 현재에 집중한다. 커닝햄은 이를 '춤 공연이라기보다는 그저 춤 경험(not so much an evening of dance as the experience of dance)'[73]이라고 표현했다.

　「이벤트」는 작품 제목도 따로 없고, 커닝햄의 작품 목록에도 포함되지 않는다. 「뮤지엄 이벤트 넘버원」이라고 명명된 첫 「이벤트」

199　　　　　　　　　　　　　　　작품이 아닌 작품의 기품

이후, 각 「이벤트」에 순번이 매겨져 관리된 것도 아니다. 「이벤트」는 대체로 미술관에서 많이 공연되었으나, 체육관, 농구 경기장, 학생 회관, 뉴욕 그랜드 센트럴역, 페르세폴리스 유적지, 베네치아 산마르코 광장 등 다양한 공간에서 공연되었다. 그렇다고 기존의 공연장을 배척한 것도 아니다. 드물지만 브루클린음악원(BAM), 조이스극장, 커닝햄의 스튜디오 등에서도 공연되었다. 고정된 것 없이 그 존재 자체가 영원한 변신이라는 점에서, 가볍고 단출하다.

미술관에서 춤추기

커닝햄의 「이벤트」는 '미술관에서의 춤'이라는 현상의 시작점이기도 하다. 변기에 서명을 했던 뒤샹의 〈샘(Fontaine)〉이 급진적이었던 이유는 미술관이라는 권위적인 공간에 변기를 갖다 놓음으로써 변기가 예술작품이 되었기 때문이다. 예술의 정의가 예술작품에 내재된 것이 아니라 외부적 맥락에 따라 부여되는 것임을 밝히면서 〈샘〉은 '모든 것이 예술이 될 수 있다'는 명제를 천명했다. 마찬가지로 커닝햄의 「이벤트」는 전혀 무의미해 보이는 움직임을, 심지어 하나의 완결된 구성을 이루지 않는 부분들의 콜라주일지라도, 전시 공간인 미술관에서 공연한다면 감상의 대상으로 탈바꿈한다는 것을 보여줬다. 미술관이라는 공간을 통해 '모든 움직임이 춤이 될 수 있다' 또는 '모든 구성 방식이 예술이 될 수 있다'는 명제를 증명한 것이다.

커닝햄 이후 안무가들은 미술관을 춤을 위한 공간으로 적극 활용함으로써 '미술관 춤'을 하나의 장르로 확장시켰다. 트리샤 브라운의 「숲의 마루(Floor of the Forest)」가 대표적이다. 철근 설치물에 밧줄을 엮어 티셔츠와 바지 등의 옷가지를 걸어 두고, 무용수가 바닥에 발이 닿지 않은 채 이 옷들을 입고 벗으며 통과하는 퍼포먼스였다. 이후 고정된 작품을 전시하는 미술관이 유동적인 공연예술을 포섭하는 움직임은 거세졌다. 극장의 블랙박스와 미술관의 화이트 큐브가 결합된 '그레이 존(Grey zone)' 개념이 제삼의 예술 공간으로 자리잡았다. 뉴욕현대미술관, 테이트모던, 휘트니미술관 등은 앞다투어 춤을 적극적으로 포섭했다. 아너 테레사 더케이르스마커르(Anne Teresa De Keersmaeker), 티노 세갈(Tino Sehgal), 보리스 샤르마츠, 자비에 르 루아, 라 리보트(La Ribot), 제롬 벨(Jérôme Bel), 윌리엄 포사이스 등의 안무가들은 미술관에서 자기 작품을 선보이거나 미술관 공간을 위해 안무하고, 아예 회고전을 열기도 했다.

그중에서도 프랑스 안무가 보리스 샤르마츠의 「플립 북: 춤의 오십 년(Flip Book: 50 Years of Dance)」(이하 「플립 북」)은 커닝햄의 「이벤트」 정신을 잇는 독특한 작품이다. 출발부터 커닝햄적이다. 베를린에서 공부하던 샤르마츠는 크리스마스에 『머스 커닝햄: 오십 년(Merce Cunningham: Fifty Years)』이라는 책을 선물 받았다. 커닝햄무용단의 아카이빙을 담당한 데이비드 본(David Vaughan)이 무용단의 반세기 역사를 기록한 커피 테이블 북(응접실의 커피 테이블에 올려두고 뒤적거리기 좋은, 사진이 많고 무거운 양장본)이다. 책을 넘겨 보던 샤르마츠는 책장을 빠르게 넘기는 '플립 북' 행위가 색다른 춤을 발생시킨다는 걸 알아차렸다. 두 주먹으로 얼굴을 감싸고 있는 커닝햄의 얼굴이 실린 앞표지 그림부터 커닝햄이 무릎을 가지런히 접고 뛰어오른 뒤표지 사진까지, 『머스 커닝햄: 오십 년』에 실린 사진 삼백 장은 그 자체로 '안무 지시어'가 되었다. 「플립 북」은 『머스 커닝햄: 오십 년』의 사진들을 순서대로 재현함으로써 본이, 나아가 커닝햄이 미처 의도치 않았던 방식으로 커닝햄 이미지에 움직임을 부여했다.

작품이 아닌 작품의 기품

공연이 시작되면 원색의 유니타드를 입은 무용수들이 등장한다.(원색의 유니타드는 지극히 커닝햄적인 의상이다.) 샤르마츠를 포함해 여섯 명의 무용수는 편하게 스트레칭하고 의상을 가다듬거나 연습을 하다가 '공연'에 돌입한다. 무대 뒤 모습까지 작품의 일부로 보여주는 연출을 통해 「플립 북」은 미술관 공연의 벽을 허문다. 춤이 시작되면 이미지들이 빠르게 지나간다. 작품은 사진도 아니고, 매끈한 춤도 아니다. 사진 스튜디오처럼 흰 바탕의 공연 공간 앞에 『머스 커닝햄: 오십 년』책을 잘 보이도록 펼쳐 두고 한 장씩 넘기면서 사진 속의 움직임을 하나씩 무대 위로 소환한다. 밝은 조명에 숨을 곳 없이 노출된 무용수들의 움직임 위로 사티(E. Satie)의 「짐노페디(Gymnopédies)」부터 기계음까지 무작위로 더해지면서 커닝햄의 작품만큼이나 낯선 조합을 이끌어낸다.

「플립 북」이 초연되었던 2008년은 말년의 커닝햄이 활발히 활

커닝햄 작품의 핵심을 담아내면서도 그 권위에 눌리지 않는 보리스 샤르마츠의 「플립 북」. 무용수 뒤에서 사진을 찍듯 포즈를 취한 샤르마츠는 관객의 몰입을 의도적으로 방해하며 전체 상황을 낯설게 바라보게 한다. 뉴욕현대미술관. 2013.

뉴욕현대미술관에서 사흘간 진행된 '춤 박물관: 세 가지 종합적 움직임(Musée de la danse: Three Collective Gestures)' 연작 중 하나로 공연된 「플립 북」. 「플립 북」은 책장을 넘기며 인과관계 없이 병치된 사진을 순서대로 연결해 움직임을 불어넣는다. 2013.

동하던 때다. 허나 샤르마츠는 커닝햄에게 연락해 허락을 받거나 공인을 요청하기보단, 거장의 존재감과 역사적 유산에 짓눌리지 않고 나름의 방식으로 대화를 건다. 초연된 이래 「플립 북」은 프로페셔널 무용수뿐 아니라 커닝햄 춤을 춰 본 적 없는 아마추어와 학생, 그리고 전직 커닝햄무용단의 무용수까지 아울렀다. 공연을 위해 죽어라 연습하는 것도 아니었다. 나흘 정도의 리허설을 통해 합을 맞춰 보았다. 무용수의 아마추어리즘을 통해 커닝햄 작품의 완성도와 정통 문제를 피해 간다. 그러니까, '이게 커닝햄 정신이다!' 하고 무게 잡지 않는다. 힘 빼기야말로 커닝햄의 정신이다.

　　샤르마츠는 「플립 북」을 발표한 이듬해인 2009년 프랑스 렌에 있는 국립무용센터의 감독으로 부임하면서 이 기관의 이름을 '춤 박물관(Musée de la danse)'으로 바꾸고 선언문을 발표했다. 박물관(미술관)을 '춤의 공간'에서 '춤의 개념'으로까지 확장한 것이다. 그의 작품 「이십세기를 위한 스무 명의 무용수」 역시 미술관 곳곳에 스무 명의 무용수가 자신의 몸에 축적된 춤을 선보이고 설명하는 전시 형

작품이 아닌 작품의 기품

식의 작품으로, 춤의 개념으로서 미술관을 보여주었다. 그러고 보니 미술관은 그 자체로 편집과 재배열의 공간이다. 도시를 가로지르는 사람처럼, 관람객은 작품 사이를 제멋대로 연결하고 각자의 리듬과 폭으로 받아들이며 여러 층위의 경험을 편집한다. 커닝햄의 「이벤트」는 이러한 재배열의 공간 안에서 관객에게 주사위를 넘겨 관객 스스로 던지게 했다.

명예롭게 퇴진한다는 것

커닝햄은 2009년 4월 16일에 아흔번째 생일을 맞이했으며, 그해 7월 26일에 사망했다. 그의 무용단은 커닝햄이 칠십대에 들어선 때부터 커닝햄 이후 커닝햄무용단의 미래에 대해 고민해 왔으며, 2000년대에 들어 '유산 플랜(Legacy Plan)'을 준비했다. 에일리무용단이나 마사그레이엄무용단처럼 설립자 겸 안무가의 사후에도 존속하는 무용단과는 달리, 안무자 사후에 무용단을 해체하는 것이 논리적이라 결론짓고 '무엇이 가장 명예로운 퇴진인가'를 꼼꼼히 준비했다. 스스로 자신의 죽음 이후에 대해 준비한 것도, 팔십대 후반까지도 정정했기에 죽음을 예측할 수 없어 각각 삼, 오, 칠 개년 시나리오를 계획한 것도, 초연하고 현실적인 그답다.

크게 보존, 공연, 복지로 구성된 유산 플랜은 커닝햄의 사망을 기점으로 즉각 가동되었다. 우선 커닝햄의 주요 작품에 대한 정보를 모아 연구나 재현이 가능하도록 정리한 '댄스 캡슐(Dance Capsule)'을 만들고, 사후 이 년간 월드 투어를 진행하며 커닝햄 작품을 널리 선보였다. 사망 삼주기엔 무용단을 해체하고 무용수 및 기술·행정 직원의 직업 전환과 복지에 힘썼다. 무용단의 반세기 역사를 함께 해 온 이들의 노고를 인정하고 적절히 처우하는 것이 도의적인 수순이라는 뜻이다. 한 해 한 해 빠듯하게 살림해 온 개인 무용단으로선 거액의 기금을 마련하는 것이 만만치 않았지만 커닝햄은 이 부분을 포기하지 않았다.

2010년 1월 커닝햄무용단의 '유산 투어(Legacy Tour)'가 시작되었다. 커닝햄무용재단에서 시작된 투어는 미국 전역과 유럽, 홍콩, 러시아, 이스라엘, 멕시코를 거쳐 2011년 12월 29-31일 뉴욕의 재생 공간인 파크 애비뉴 아모리(Park Avenue Armory)에서 마무리되었다. 최후의 공연은 다름 아닌 「이벤트」였다. 이는 '이벤트' 시리즈의 마지막 공연일뿐더러 오십팔 년간 활동해 온 커닝햄무용단의 마지막 공연이기도 했다.

이 「이벤트」는 그의 초기작 「룬 문자(Rune)」(1959)부터 마지막 작품인 「거의 구십(Nearly Ninety)」(2009)까지, 여러 작품을 오십 분간 매끄럽게 콜라주했다. 새해 그믐밤에 열린 「이벤트」를 끝으로 커닝햄무용단은 해체되었다. 미국 무용사에서 유례없이 전통있던 무용단이 극장이 아닌 공간에서 안무가의 대표작이 아니라 작품이라 이름 붙일 수도 없는 「이벤트」로 끝을 맺었다니, 이 또한 지극히 커닝햄적인 엔딩이다. 커닝햄은 하루 이 회씩 삼 일, 총 육 회의 마지막 「이벤트」에서 구천 석에 달하는 객석을 일괄 십 달러로 책정하라고 유언했다. 그동안 무용단을 품어 준 뉴욕에게 건네는 선물이었다.

예술가 사후에 남은 작품의 운명을 이야기하며 도의적인 책임, 명예로운 퇴진, 기품있는 선물을 떠올릴 이가 몇이나 있을까. 커닝햄의 「이벤트」는 과거나 미래에 집착하지 않는 자만이 보일 수 있는 품위를 지녔다. 어디에도 얽매이지 않으며 그 순간에 최선을 다하고 사라진다는 것. 그래서일까. 십 년 후인 2019년 4월 16일 커닝햄 탄생 백주년이 오자, 전 세계의 무용인들이 모여 또 하나의 이벤트를

작품이 아닌 작품의 기품

마련했다. '백 개의 솔로의 밤: 백주년 이벤트(Night of 100 Solos: A Centennial Event)'라는 행사가 뉴욕의 브루클린음악원, 유시엘에이(UCLA) 브로드아트센터, 런던 바비칸센터, 파리 오페라코미크극장에서 동시에 열렸다. 각 극장마다 스물다섯 명의 무용수가 모여, 커닝햄이 안무한 독무 스물다섯 개씩을 엮어 칠십오 분짜리 공연으로 선보였다. 「이벤트」 형식이다. 다시는 보지 못할 조합으로 구성된 다양한 무용수들이 기억을 나누고 헤어지는 이벤트, 그 가벼움과 특별함의 감각은 눈앞의 춤에 집중하게 했던 커닝햄이 남긴 유산이었다.

커닝햄 사망 후 무용단의 해체를 앞두고 파크 애비뉴 아모리에서 열린 마지막 「이벤트」. 하얀 공 뭉치들이 구름처럼 떠 있는 공활한 실내 공간에 세워진 세 무대에서 여러 작품의 일부분이 동시에 행해지기에 관객은 무대와 무대의 우연한 겹침을 자유롭게 감상했다. 2011. (pp.206-207)

최고는 아니되 가장 사랑받은 이

피나 바우슈의 「넬켄」

스텝은 언제나 다른 곳에서 온다. 절대로 발에서 시작된 적이 없다.
동작을 만들어 가는 일은 언제나 중간중간에 한다.[74]
— 피나 바우슈

2000년 엘지아트센터가 개관했을 때의 일이다. 낯선 공연장에 모여
든 관객들이 자리를 잡고 막이 올랐을 때 여기저기에서 탄성이 흘
러나왔다. 무대 가득 돋아난 핑크색 카네이션들이 눈을 사로잡았
다. '댄스플로어'(춤을 출 수 있도록 고무판을 깔아 놓은 마룻바닥)
가 아닌 곳에서 춤을 추다니, 그것이 번듯한 대형 공연장에서 실현
되다니, 힘들게 꽂은 꽃들을 망설임 없이 뭉개다니. 독일 안무가 피
나 바우슈(Pina Bausch, 1940–2009)가 이끄는 부퍼탈탄츠테아터
(Tanztheater Wuppertal)의 「넬켄(Nelken)」(1982)이었다.〔한국 초
연 당시 제목은 독일어 '넬켄'에 해당하는 영어 번역의 '카네이션
(Carnation)'이다.〕 무대에선 셰퍼드가 정찰하고, 남자가 여자 드레
스를 입고 토끼처럼 뛰었으며, 공연자들은 양파를 썰고 서로 싸우고
관객에게 수신호를 가르쳤다. 두 시간의 난장으로 카네이션들이 짓
이겨지는 광경을 목격하는 것은 하나의 경험이자 가르침이었다. '서

209

렇게 할 수도 있구나' '저래도 되는구나' 깨닫게 하는 예상치 못한 상황들, 거기서 드러나는 예민한 뉘앙스와 자유로움은 관객들에게 강렬한 인상을 남겼다. 세계 각지에서 무수히 공연된 「넬켄」은 그렇게 컨템퍼러리댄스의 폭을 넓혀 나갔다.

카네이션 낙원의 뒤편

1980년 여름, 남아메리카에서 순회공연 중이던 피나 바우슈와 무용수들은 칠레 안데스산맥의 한 계곡에서 카네이션 들판을 마주친다. 카네이션이 끝없이 펼쳐진 언덕의 빛과 공기는 그대로 극장으로 녹아들어 선연한 인상을 남긴다. 카네이션 가득한 들판의 풍경에서 시작된 「넬켄」은 우선 공간을 강하게 구축함으로써 그 공간을 누비는 무용수를 선명하게 부각시킨다.

「넬켄」뿐 아니라 바우슈 작품의 대부분은 공간을 부각시킨다. 바우슈는 무대미술가이자 연인이던 롤프 보르치크(Rolf Borzik), 그리고 그가 백혈병으로 사망한 후엔 페터 팝스트(Peter Pabst)와 협업해 무대에 극적인 공간을 구현하는 데 힘썼다. 일인용 의자가 가득했던 「카페 뮐러(Café Müller)」, 오 톤의 벽이 한순간 무너지는 「팔레르모, 팔레르모(Palermo, Palermo)」, 악어가 어슬렁거리는 「순결의 전설(Keuschheitslegende)」, 그리고 무대 전체에 발목 높이까지 물을 채워 극장의 불문율을 깨뜨린 「아리아(Arien)」가 그 예이다. 팝스트는 잔디밭, 흙, 얼음 등의 이질적인 재료로 무대 바닥을 채웠는데, 그중에서도 「넬켄」이 가장 아름답고 낭만적이다. 세계적으로 인기있는 이 작품을 위해 무용단은 매 공연마다 현지에서 철물을 구해 무대 구조물을 세우고, 몇천 송이의 조화 카네이션을 정성 들여 꽂는다.

「넬켄」의 막이 열리면
팔천 송이의 카네이션이
빼곡히 들어찬 들판이
펼쳐진다. 반도네온을
메고 사슴처럼 유유히
거니는 무용수의 모습.
피나바우슈부퍼탈탄츠
테아터. 2016.

핑크색 카네이션이 고르게 피어난 들판은 고전 회화에서나 등장할 법한 이상적인 낙원, 아르카디아('목가적 이상향'이라는 뜻의 축복과 풍요의 낙원)다. 한 여성이 하이힐에 흰 팬티만 입고 반도네온을 멘 채 꽃 사이를 유유히 걸어 다니는 이미지는 마치 풀을 뜯는 한 마리의 사슴처럼 목가적인 풍경이다. 그렇다면 이 낙원에 어울리는 존재는 무엇일까? 바우슈는 여성들, 그리고 여자 드레스를 입고 토끼처럼 깡충거리는 남성들을 데려다 놓았다. 천진난만하고 우스꽝스러운, 공격적이지 않은 존재들이다.

하지만 낙원의 평화는 금세 깨진다. 검은 양복을 입은 경호원 네 명이 셰퍼드 두 마리를 끌고 등장해 수시로 순찰하고 무대 가장자리에서 날카롭게 지켜본다. 아기에게 다정하게 음식을 먹이는 제스처를 취하던 남자가 여자에게 강제로 오렌지를 먹인다. 빨간불엔

최고는 아니되 가장 사랑받은 이

피나 바우슈의 「넬켄」 중에서. 이브닝드레스를 입은 남녀 무용수들이 감시자를 피해 책상에서 뛰어내리며,
고요했던 낙원은 순식간에 소란스러워진다. 피나바우슈부퍼탈탄츠테아터. 2016.

최고는 아니되 가장 사랑받은 이

멈추고 파란불엔 움직이는 놀이를 하던 남녀들 중 한 명이 다른 이
들을 지나치게 감시하고 명령하면서 싸움이 벌어진다. 남자들이 테
이블 위에 올라가서 떨어지기를 반복하며 의자에 앉아 있는 여성에
게 위협적으로 다가간다. 스턴트맨이 등장해 탑 구조물에서 상자 더
미로 떨어진다. 이 와중에 단정했던 카네이션 들판은 쑥대밭이 되고
드레스와 정장 차림으로 등장했던 무용수들은 숙취에 시달리는 파
티 피플처럼 만신창이가 된다.

뒷맛 씁쓸한 유머

바우슈의 작품들이 그러하듯 「넬켄」 또한 뚜렷한 줄거리가 없다. 춤
다운 춤을 추지도 않는다. 각 장면은 논리적이지 않고 뜬금없이 다
음 장면으로 이어진다. 각 부분이 완벽하게 짜여 있기보다는 전체
속에서 비로소 의미가 생긴다. 이러한 방식은 전통적인 안무법에서
크게 벗어나 있었기에, 「넬켄」은 미술의 콜라주나 영화의 몽타주 기
법에 비유되곤 한다.

　「넬켄」의 각 장면은 블랙 유머와 비논리로 가득한데, 이들을 중
첩해 보면 개인을 억압하는 권력이 드러난다. 그러고 보니 이 낙원
은 그리 좋은 곳이 아니다. 알게 모르게 감시받고 강요당하는 곳이
고, 자신의 바닥까지 드러내야 하는 모멸감을 맛보는 곳이다. 검은
양복의 경호원은 종종 등장해 무용수들에게 여권을 요구한다. "여
권 보여주시죠.(Passport, please.)" 공항의 입국장이나 이국땅에서
들으면 별안간 심장이 쪼그라드는 그 말이다. 토끼처럼 깡충거리기
위해서는 허가가 필요하다. 게다가 개처럼 짖으라거나 개구리처럼
뛰어오르라거나 테이블 밑을 기어 다니라는 모멸적인 명령을 하더
라도 따르지 않을 도리가 없다. 보이지 않는 억압 앞에 인간으로서

의 존엄은 무너진다. 카네이션 언덕이 있던 칠레는 피노체트의 군사 독재 정부가 장악했고, 그녀의 조국엔 베를린 장벽이 굳건하던 때였다. 바우슈가 역사적 사건을 구체적으로 묘사한 것도 아니었던 데다 이제는 독재정권도 베를린 장벽도 무너졌지만, 그녀가 묘사하는 감시 사회는 여전히 파장력을 지닌다.

보이지 않는 권력의 가학성은 공연자를 바라보는 관객의 시선과도 맞닿아 있다. 나이 지긋한 남자 무용수가 구부정한 몸에 여자 드레스의 어깨 끈을 교차해 걸쳐 입은 채 툴툴거리며 발레 테크닉을 선보인다. "자, 뭐 좀 볼래요? 마네주(manège) 볼래요? 자, 마네주! 마네주! 뭐, 딴것 보고 싶어요? 앙트르샤 시스(entrechat six)! 뭐든 할 수 있어요!" 이때 마네주는 마치 자전하며 공전하는 지구의 움직임처럼 점프와 회전을 동시에 하면서 무대 전체를 도는 동작이고,

최고는 아니되 가장 사랑받은 이

앙트르샤 시스는 공중에서 두 발을 세 번 교차하고 착지하는 동작이다. 모두 남성 주역 무용수의 기량을 과시하는 동작들이다. 가쁜 숨을 몰아쉬며 아슬아슬하게 테크닉을 소화해내는 그를 보며 관객들은 웃고 환호성을 보낸다. 하지만 이 환호성은 늙은 몸과 까다로운 기량의 부조화가 그 이유라는 점에서, 묘기 부리는 물개에 쏟아지는 환호만큼이나 가볍고 씁쓸하다. 바우슈의 작품이 춤이 별로 없다는 비판을 받아 온 것을 생각하면 이는 자조적 농담이자 관객에 대한 비아냥에 가깝다.

또 다른 무용수는 관객에게 소리친다. "이건 완전 시간 낭비야. 당신들은 벌써 하품하고 난 발 아파 죽겠어!" 그러고는 젊은 무용수를 데리고 나와 빌리 홀리데이의 나른한 재즈 음악에 맞춰 감자 껍질을 까게 한다. "당신네들에게도, 나에게도 이게 낫지." 다른 장면에선 아예 스턴트맨 네 명이 나와 무대에 설치된 탑 구조물에서 떨어지는 묘기를 선사한다. 자극적인 볼거리를 끝없이 요구하는 관객은 무대 위 공연자의 존엄에 상처를 입힌다. 그리고 그 상황을 관객에게 친절히 일깨워 줌으로써 「넬켄」은 관객을 불편하게 한다. 이 아름다운 낙원에서는 사랑은커녕 소통조차 어렵다. 한참 웃고 난 후 뒷맛이 씁쓸하다.

엄친딸의 스캔들

피나 바우슈는 처음부터 특출한 존재였다. 1955년 열다섯 살에 독일 에센에 있는 폴크방학교의 무용과에 입학했는데, 졸업 때에는 그녀를 위해 특별공로상이 제정될 정도로 주목받았다. 독일 학술교류처(DAAD)의 지원으로 뉴욕의 줄리아드음악학교에서 유학했고, 독일로 돌아와서는 폴크방발레단의 수석 무용수가 되었다. 그녀는

피나 바우슈는 움직임이 발이 아니라 삶으로부터
온다고 여겼다. 1996.

곧 발레단의 안무가이자 폴크방학교 무용과
의 학과장이 되었으며 폴크방탄츠스튜디오의
운영권마저 넘겨받았다. 심지어 1971년 여름
에는 오직 바우슈를 부퍼탈발레단으로 데려
오기 위해 여러 극장들이 신진 안무가에게 새
로운 발레 작품의 창작을 위촉하는 축제까지
열었다.

　시작부터 천재로 각광받으며 특별대우를
받고, 엘리트 코스를 거치며 모든 주요 자리를
꿰찬 바우슈. 그러나 최고점에 쉽게 올라선 그
녀가 내놓은 것은 불편하고 어려운 작품들이
었다. 바우슈는 고전발레에서 시작해 미국과
독일의 모던댄스를 섭렵했지만 막상 그녀의
작품들은 그 어떤 카테고리에도 속하지 않았
다. 바우슈의 작품엔 춤이라 할 만한 게 없었

고 불편한 장면으로 가득했다. 고전발레에 익숙했던 부퍼탈극장의
단골 관객들은 노골적으로 바우슈의 작품을 혐오하고 공격했다. 객
석에서 작품을 지켜보는 바우슈에게 침을 뱉거나 머리채를 뜯고, 집
으로 협박 전화를 걸기도 했다. 바우슈가 부퍼탈 시의 상징이 된 오
늘날에는 상상하기 어렵겠지만, 지역 관객들의 사랑을 받기 시작한
것은 그녀가 세계적으로 인정받고도 한참 후였다.

　바우슈에 대한 지역 관객의 거부감이 컸던 것은 이해할 만하다.
1920년대 모던댄스는 미국과 독일에서 동시에 발전했다. 독일에선
루돌프 폰 라반, 마리 비그만 등, 대가들이 등장해 크게 발전시켰으
나 나치에 협력했다는 오점을 남겼다. 이차대전 이후 독일에서 모
던댄스는 껄끄럽고 위험한 것이었기에 고전발레에 집중하는 경향

217　　　　　　　　　　　　　　　　　　　최고는 아니되 가장 사랑받은 이

을 띠었다. 이러한 분위기에서 부퍼탈발레단에 부임한 바우슈는 발레단의 명칭을 '부퍼탈탄츠테아터'로 바꾸었다.(바우슈 사후에 '피나바우슈부퍼탈탄츠테아터'로 개정되었다.) 그녀의 스승인 쿠르트 요스(Kurt Jooss)가 춤과 연극의 결합에서 그럼에도 '발레 안'에서의 드라마를 강조하는 '테아터탄츠'를 주장했다면 바우슈는 연극과 춤을 구별할 수 없는 '탄츠테아터' 개념을 내세웠다. 바우슈의 작품은 당시 어떤 안무가와도 달랐다. 관객의 거부와 저항을 감내하고서도 완전히 새로운 장르를 창조함으로써, 바우슈는 다시 독일 땅에서 모던댄스를 부활시켰다.

클리셰를 걷어낸 뒤의 잔해들

「넬켄」은 어렵사리 만들어졌다. 한 번에 완성되지 않았을 뿐더러 공연 직전까지 리허설을 하며 수정을 거듭했다. 초연 후에도, 세계적으로 사랑받는 작품이 된 후에도 바우슈는 이 작품을 이리저리 바꾸고 줄여 나갔다.

　무엇을 그리 줄이고 바꾼 것일까. 무용 작품은 대개 안무가의 시그니처 동작들을 나열하거나 안정적인 줄거리를 따라가는 방식으로 만들어진다. 하지만 바우슈는 클리셰나 필러(시간이나 공간을 채우기 위한 의미 없는 동작이나 보형물)를 못 견디는 사람이었다. 그녀는 동작이나 대본에서 시작하는 대신, 무용수들에게 질문을 던지고 거기서 작은 단서들을 엮어 나갔다. 평이한 질문과 그럴싸한 대답은 폐기 처분했다. 오히려 대답에서 스쳐 가는 부차적이고 소소한 것들이 작품의 주요 모티프로 떠올랐다. 초연 날짜의 압박 속에서도, 실패의 두려움 속에서도 그녀는 계속해서 질문을 던지고 수정했다. 그 결과, 작품은 시작에서 끝까지 선형적으로 진행되기보다는 안에서부터 바깥으로 여러 겹 허물을 벗으며 자라났다.

「넬켄」은 통속 드라마에서 클리셰를 모두 걷어낸 후의 잔해라고 할 수 있다. 사랑받고 싶은 욕구, 두려움과 외로움, 남녀 간의 폭력, 인간에 대한 억압, 소통의 어려움 등은 바우슈 작품을 관통하는 주제로서 인간 내면의 깊숙한 곳을 건드린다. 바우슈는 무용수가 아니라 인간을, 동작이 아니라 삶을 보여준다. 「넬켄」의 마지막 장면에서 무용수들은 무대 앞으로 나와 한 줄로 선 채 자신이 왜 무용수가 되었는지 말한다. "나는 말하는 것보다 춤추는 게 쉬웠기 때문에 무용수가 되었다" "우연히" "무용수랑 사랑에 빠져서" "군인이 되기 싫어서." 공연하는 국가마다 그 나라의 언어로 더듬더듬 건네는 말에서 관객들은 캐릭터가 아닌 인간을 바라보게 된다.

골수 바우슈 대 관광상품 바우슈

바우슈의 커리어는 크게 두 시기로 나뉜다. 그녀는 1974년에 부퍼탈의 안무가가 되어 칠 년간 「봄의 제전」 「카페 뮐러」 「콘탁트호프(Kontakthof)」 등 여덟 편의 작품을 창작했다. 소규모인 데다 개인적이고 어두운 주제를 다루었기에 '순수 바우슈풍'이라 여겨졌다. 한편 1980년대에 그녀는 연인의 죽음과 출산을 겪고 몇 년간의 단절 후 다시금 활동을 재개하면서 이른바 '세계 도시(World Cities)' 연작을 시작했다. 로마, 팔레르모, 마드리드, 이스탄불, 홍콩, 서울 등 세계 각국의 도시에 몇 주간 머무르며 탐색한 뒤 이를 테마로 한 작품을 발표했다. 이전보다 밝고 상냥하며 예의 바른 이 작품들은 국제적인 후원, 그리고 관광산업과 맞물려 각국의 기념품이 되었다.

물론 평론가들이 선호하는 것은 '골수 바우슈'이다. 골수 바우슈는 단편적인 장면들을 나열하고 반복하며 텍스트와 내사, 관객과의 상호작용을 많이 활용한다. 무용, 연극, 음악, 언어, 무대미술이 혼합된 특유의 양식으로 작품의 형태보다는 내용을 부각시킨다. "나는 어떻게 인간이 움직이는가보다는 무엇이 인간을 움직이게 하는가에 더 흥미를 느낀다"라는 바우슈의 유명한 말처럼, 골수 바우슈 스타일은 인간에 대한 탐색 보고서라 할 수 있다.

「넬켄」은 골수 바우슈의 후기 작품이다. 화려한 카네이션 들판으로 인해 해외 극장에 자주 초청받지만 골수 바우슈의 정수로 꼽히진 않는다. 바우슈의 어린 시절 자전적인 경험을 담은 「카페 뮐러」, 인간 집단이 가진 잔혹함과 남녀의 권력 차를 드러낸 「봄의 제전」, 남녀의 성적 끌림과 불평등을 다룬 「콘탁트호프」 등에 비해 늘 뒤쳐진다. 아무래도 핑크빛 카네이션이 불러일으키는 낭만과 우스꽝스러운 에피소드로는 다른 작품에 비해 강렬한 한 방이 부족하기 때문일 것이다. 그러나 기라성 같은 일등 스타들의 그늘에 가리던 이등은 뜻밖에도 바우슈의 사후에 모두를 이어 주는 연결고리가 되었다.

넬켄라인에 동참하세요!

2009년 피나 바우슈가 사망했다. 폐암 진단을 받은 후 불과 닷새만이다. 바우슈가 아직 보존보다는 창작에 초점을 두고 활발하게 활동하던 터라 모두에게 당황스러운 소식이었다. 같은 해 사망한 미국 안무가 머스 커닝햄의 경우 구십 세까지 장수했기에 작품의 향방과 무용단의 거취에 대해 오랜 기간에 걸쳐 대비했던 것과는 대조적이었다. 한동안의 혼란과 애도 후 바우슈의 아들인 롤프 살로몬(Rolf Salomon)이 피나바우슈재단을 설립했다. 재단은 바우슈 작품의 유지와 보호라는 주 업무 외에도 바우슈를 기리는 프로젝트인 '넬켄라인(Nelken-Line)'을 시작했다.

JOIN!
The NELKEN-Line by Pina Bausch
Weltweit mittanzen – die berühmte Reihe „Frühling Sommer Herbst Winter".

PINA

피나바우슈재단
홈페이지에 올라온
'넬켄라인'의 모집 광고.

넬켄라인은 「넬켄」의 마지막에 나오는 '사계 행진(seasons march)'을 모티프로 한다. 루이 암스트롱(L. D. Armstrong)의 재즈 음악 「웨스트 엔드 블루스(West End Blues)」에 맞춰 무용수들이 사계절을 각각 상징하는 제스처를 취하며 한 줄로 걷는다. 무용수들이 한 줄로 걷는 것은 바우슈 작품에 자주 등장하는 대형이지만 그중에서도 사계 행진이 가장 유명하다. 제스처는 단순하고 직관적이다. 봄은 잔디가 낮게 돋아나고, 여름은 잔디가 높이 자라 그 위로 햇빛이 반짝이며, 가을은 나무에서 낙엽이 떨어지고, 겨울은 추위에 떤다. 모두 일곱 개의 제스처다. 각 계절이 두 걸음에 표현되되 총 여덟 걸음이면 한 프레이즈가 완성된다. 프레이즈가 쌓이고 쌓이면서 계절의 순환, 인생무상이 절로 스며 나온다. 바우슈를 숭상했던 빔 벤더스(Wim Wenders) 감독이 만든 다큐멘터리 영화 「피나(Pina)」 역시 이 사계 행진으로 시작한다.

넬켄라인 프로젝트는 모든 이를 행진에 초대한다. 제스처를 자세하게 설명한 동영상의 링크가 재단 홈페이지에 올라와 있고, 이를 보고 스스로 만든 동영상을 보내면 재단의 비메오(vimeo, 동영상 스

221

최고는 아니되 가장 사랑받은 이

트리밍 플랫폼) 계정[75]에 공개된다.(2020년 현재 약 사백 개의 영상이 올라와 있다.) 어린 학생들, 일반인들, 나이 든 무용수들이 들판에서, 수영장에서, 박물관에서, 결혼식장에서 춤춘다. 우리는 각양각색의 사람들이 행진하는 모습을 지켜본다. 그들은 모두 다른 상황에서 모두 다른 모습으로 살아가고, 그 삶은 넬켄라인처럼 그리 단순하고 밝지만은 않을 것이다. 하지만 옅은 미소를 지으며 이어 가는 행진은 그럼에도 어쨌든 견뎌내는 삶에 대한 긍정과 지지를 담고 있다.

「넬켄」은 「봄의 제전」이나 「카페 뮐러」처럼 걸작의 반열에 오르지는 못한 작품이다. 그러나 피나 바우슈의 작품 중에서 가장 친근하고 사랑받는 작품이다. 바우슈 작품에 담긴 날 선 풍자와 냉소, 폭력적이고 불편한 상황은 넬켄라인에서 따뜻하고 아련한 제스처로 승화되었다. 거장에게 압도되지 않고 누구나 춤에 합류할 수 있다는 메시지. 이는 우리가 바우슈를 애도하는 방식이다.

빔 벤더스의 영화 「피나」에 삽입된 넬켄라인. 옅은 미소를 띠며 끝없이 행진하는 이들의 모습은 인생을 견디게 한다. 2011. (pp.222-223)

디엔에이복제로 탄생한 클론

윌리엄 포사이스의 「하나의 편평한 것, 복제된」

몸을 제외한다면, 신체적 사고는 어떤 다른 방식으로 보일까?[76]
— 윌리엄 포사이스

몇 해 전 한 중국 과학자가 유전자를 편집한 쌍둥이를 탄생시켰다고
발표했다. 에이즈를 일으키는 에이치아이브이(HIV) 바이러스에 면
역력을 지니도록 배아에서 특정 유전자를 제거했다는 그의 주장에
과학계는 판도라의 상자가 열렸다며 발칵 뒤집혔다. 복제양 돌리가
등장했을 때 신에 대한 도전이라고 떠들었다면 복제인간 클론은 훨
씬 거대한 윤리적, 존재론적 논란을 야기할 것이다. 영생과 생명복
제는 인간의 근원적인 욕망이자 두려움이다. 고대 설화부터 공상과
학에 이르기까지, 필멸에서 벗어나려는 몸부림은 예술의 원동력이
되었고 과학은 이를 가능케 했다.

　　무용평론가 마샤 시걸(Marcia Siegel)이 말했듯 춤은 '끊임없이
사라지는 지점'에 존재한다. 따라서 사라지는 춤을 고정시키려는 무
용계의 욕망은 종교적 신념처럼 강렬하다. 그런데 윌리엄 포사이
스(William Forsythe, 1949-)의 실험은 이에 새로운 차원을 부여했
다. 자신의 작품 「하나의 편평한 것, 복제된(One Flat Thing, repro-

독일 프랑크푸르트의 보켄하이머 역에서 진행된 「하나의 편평한 것, 복제된」의 초연. 격자처럼 구획된 공간에서 무용수들이 신호를 주고받으며 무대에 놓인 책상을 자유자재로 넘나든다. 프랑크푸르트발레단. 2000.

duced」(2000)(이하 「편평한 것」)을 복제한 것이다. 그는 전형적인 무대 작품인 「편평한 것」에 내재된 디엔에이를 추출해 새로운 개체로 형상화했다. 그런데 그 결과물은 원본과 사뭇 다르다. 춤을 복제한다는 것은 무엇일까. 그것은 춤을 보존하는 것과는 다른 것인가. 「편평한 것」과 그것의 클론은 필멸의 섭리를 거스른다는 점에서 경탄과 두려움을 자아낸다.

대위법 드러내기

막이 열리면 열일곱 명의 무용수가 무대 뒤편에서 객석 쪽으로 굉음을 일으키며 책상을 끌고 나온다. 스무 개의 동일한 책상이 사 열로 섬세하게 각을 맞춰 늘어선다. 마치 격자처럼 규칙적으로 구획된 공간을 좌표 삼아 무용수들은 책상 위로 올라타고 미끄러지고 책상 사이와 아래를 관통한다. 톰 빌럼스(Thom Willems)의 금속 굉음으로 가득한 음악이 깔리지만 음악이 춤의 흐름을 리드하지는 않는다. 무용수의 호흡, 휘적이는 팔다리가 공기를 가르는 소리, 책상을 내리치거나 바닥으로 떨어지는 소리가 음악처럼 들려온다. 컬러풀한 의상을 입고 끊임없이 움직이는 무용수와 고요하고 각진 무채색 책상의 대조가 두드러진다.

 윌리엄 포사이스는 작품 제목을 건조한 수수께끼처럼 제시한다. 「편평한 것」은 말 그대로 편평한 것, 책상을 지칭하지만, 그러나 그 이상이다. 마치 달을 가리키는 손가락처럼 책상 자체의 속성보다는 책상으로 인해 드러나는 것을 보게끔 하는 장치이다. 비슷한 예로 그의 다른 작품 「가운데, 조금 높은 지점의(In the Middle, Somewhat Elevated)」(이하 「인 더 미들」)에는 말 그대로 무대의 중앙, 조금 위에 황금 체리가 매달려 있었다.(체리는 파리오페라발레단이

상주하는 가르니에극장의 상징이고, 이 작품은 발레단 무용수들의 개성과 일상적 모습, 경쟁상 등을 추상적으로 표현한다.) 그렇다면 「편평한 것」에서 책상이 가리키는 바는 무엇일까.

의외이긴 하나 「편평한 것」은 남극을 탐험했던 영국인 로버트 팔콘 스콧(Robert Falcon Scott)의 이야기에서 시작한다. 포사이스는 스콧의 생애를 다룬 프랜시스 스퍼포드(Francis Spufford)의 책 『나는 언젠가 될 것이다(I May Be Some Time)』를 읽고서 「편평한 것」을 안무했다고 한다. 스콧은 죽을 고생을 해서 남극점에 도착했으나 아문센(R. Amundsen) 일행이 불과 오 주 전에 다녀갔다는 것을 알게 된다. 이후 귀환하던 중 악천후로 조난당해 사망했다. 비운의 탐험가에게 도전은 최초가 아니면 의미 없었다.

포사이스는 스콧의 허망하고 비극적인 도전에 감명받은 것일까? 그보다는 스콧과 아문센의 탐험을 '바로크적 대위법'이라고 표현한 작가의 말에서 그는 무릎을 쳤다. 대위법이란 서로 다른 선율이 동시에 진행되는 작곡 방식이다. 스콧과 아문센은 동시에, 서로에게 영향을 주면서 그러나 독립된 루트로 남극점을 향해 나아갔다. 탐험 루트가 대위법에 비유될 수 있다면 안무법 역시 가능할 것이었다. 포사이스는 자신의 안무 방식을 대위법이라 명명하고, 조지 발란신부터 트리샤 브라운에 이르기까지 여러 안무가의 안무법에서 이 전통을 읽어냈다. 포사이스의 작품에서 무용수들은 서로 독립된 개체로서 춤추면서도 다른 무용수들과 움직임 모티프와 신호, 정렬을 주고받는다. 무작위로 쏟아지는 우연한 결합 속에 간헐적으로 드러나는 일치, 무질서 속의 질서, 독립된 것들 사이의 교류를 구현해내는 것이 그만의 대위법이다. 「편평한 것」은 책상이라는 공간적 장치를 통해 안무적 대위법을 잘 관찰할 수 있도록 구성한 작품이다. 물론 여러 무용수들이 동시다발적으로 행하는 빠르고 찰나적인 움직임들은 관객의 눈앞에서 속수무책으로 사라지겠지만 말이다.

발레, 컨템퍼러리댄스, 설치미술을 관통하는 것

안무가 포사이스의 이력은 반전의 연속이다. 대학에 진학하고서야 정식으로 무용 수업을 받았으며, 미국인이지만 삼십 년 넘게 주로 유럽에서 활동했다. 그래서 유럽에선 일찌감치 거장으로 인정받았지만 정작 미국에선 잘 알려져 있지 않다. 1974년 슈투트가르트발레단에 합격했지만 독일에 도착하기도 전에 예술감독 존 크랭코가 급사해 거장으로부터 지도받을 기회를 잃었다. 그러나 안무가의 부재로 인해 그 자신이 일찍이 안무가로 부각될 수 있었다. 포사이스는 1984년 프랑크푸르트발레단의 예술감독이 되어 고전발레의 문법을 파격적으로 해체하는 작품을 잇달아 발표하며, 이 작은 발레단을 세계적으로 주목받는 단체로 만들었다. 재계약을 반복하며 이십 년 동안 예술감독으로 활약했으나, '고전적인' 발레단을 원했던 시의회의 결정에 따라 2004년에 해고되었다. 이듬해부터 독일 드레스덴을 기반으로 한 포사이스무용단을 이끌며 급진적인 작품을 선보이다 2015년에 무용단을 해체했다. 일흔을 앞두고 미국으로 돌아온 그는 이제야 고국에서 재발견되고 있다.

포사이스의 작품 경향 역시 반전의 연속이다. 포사이스는 자신의 무용단에서 '발레'라는 명칭을 빼 버리고 실험적인 컨템퍼러리댄스로 작품을 확장했지만 포사이스 작품 중에서 가장 인기있는 레퍼토리는 「인 더 미들」과 같은 초기 발레 작품이다. 그의 발레는 모순적이다. 고전발레의 전통적인 훈련법으로 숙련된 무용수가 행할 수 있는 테크닉을 보여주면서도 동시에 익숙지 않은 방식으로 몸을 던지고 풀어 버린다. 관습과 장식을 걷어내고 신체를 분절시키며 고전

229   디엔에이복제로 탄생한 클론

발레의 문법을 해체한 그의 발레는 '조지 발란신의 후계자'라는 찬사와 '발레의 적그리스도'라는 비난을 동시에 받았다.

그런데 사실 현대발레 안무가로서 각광받던 시절부터 포사이스는 발레 너머의 움직임에 관심이 있었다. 1989년, 그는 건축가 대니얼 리버스킨드(Daniel Libeskind)의 의뢰로 건축과 공연을 연계한 예술을 창작했다. '안무 오브제'라고 명명한 이 실험을 진행하면서 텍스트나 언어, 오브제를 활용하는 실험적인 공연과 설치미술까지 영역을 확장했다. 그는 '안무 오브제'를 "단순한 신체의 대리물이 아니며 행위들이 조직되고 실시되는 잠재적 방법들에 대한 이해를 도모하는 대안적 지점"이라 정의한다. 미술관의 전시실을 풍선, 금속 추, 줄에 달린 고리로 가득 채워 관객이 마음대로 움직이게 하거나 심지어는 기계장치가 거대한 깃발을 펄럭이는 것을 보여주는 등, '안무 오브제'는 움직임, 그리고 관객을 움직이게 하는 계획적이고도 즉흥적인 움직임 패턴과 구조에 대해 탐구한다.

'안무 오브제'는 춤과 안무를 분리시켰다. 안무를 바탕으로 춤이 발생하곤 하지만 꼭 그런 것은 아니다. 즉흥춤처럼 안무가 없는 춤도 있고, 행렬의 움직임이나 새들의 대형처럼 춤이 아닌 곳에서도 안무는 발견된다. "안무는 조직화의 근본 상태이고, 어떤 형식으로든 가능하다"고 그는 주장한다. 그러니 안무는 춤을 떠나서 수많은 방식으로 존재할 수 있는 것이다. '안무 오브제'는 이러한 포사이스의 사상을 극단까지 확장시킨 결과물이다.

그렇다면 포사이스는 안무가에서 작가로, 무대에서 미술관으로 옮겨간 것일까? 그렇지는 않다. 2017년 그는 자신의 초기작 발레인 「인공물(Artifact)」(1984)을 재공연했다. 「인공물」은 발레의 전통과 기본 어휘를 급진적으로, 그러나 애정 어린 방식으로 해체한 작품이다. 무용수가, 아니 인간이 등장하지 않는 안무를 섭렵했던 그가 다시 토슈즈로 돌아온 것이다. 정작 포사이스는 자신의 행보에 대해 크게 모순을 느끼지 못한다. 그에게 「백조의 호수」나 「인공물」은 같은 종(種)이다. 외형이 어떻든 발레의 문법에 대한 것이기 때문이다. 마찬가지로 그의 무용 작품과 설치미술 역시 안무라는 동일한 디엔에이를 공유한다. 어쩌면 포사이스는 세간의 이해와는 달리, 발레를 한 번도 떠난 적이 없는지 모른다.

한 덩이 데이터로서의 춤

포사이스는 그다지 감상적인 인물이 아니지만 「편평한 것」은 자꾸만 스콧 경을 연상케 한다. 영원할 것처럼 존재하는 책상과 끊임없이 변화하는 무용수의 움직임은 불멸과 찰나, 자연과 인간, 존재와 비존재처럼 대조적이다. 만들어지는 순간 사라지고 마는 춤의 속성이 스콧의 탐험처럼 허무하다. 빠르고 복잡한 포사이스의 춤은 목격하는 순간에조차 제대로 파악하기 힘들다. 오직 무용수들 근육의 기억을 통해 아슬아슬하게 존재하는 춤의 본질은 무엇이며 이는 어떻게 파악할 수 있는가? 이러한 신체적 사고는 어떤 방식으로 존재하는가? 몸을 떠나서도 존재할 수 있는가? 안무 오브제 작업을 쏟아낸 후 그는 이제 자신의 춤을 오브제로 치환시켰다. 「편평한 것」의 디엔에이를 추출해 만든 클론인 '「하나의 편평한 것, 복제된」에 대한 동시발생적 오브제(Synchronous Objects for One Flat Thing, reproduced)'(이하 '동시발생적 오브제')이다.

'동시발생적 오브제'는 2005년부터 포사이스가 오하이오대학의 예술디자인어드밴스드컴퓨팅센터(ACCAD)와의 협업으로 탄생시킨 온라인 작품이다. 이 작품을 감상하려면 오하이오대학에서 관리하는 웹사이트를 방문해야 한다.(synchronousobjccts.osu.edu) 첫

231

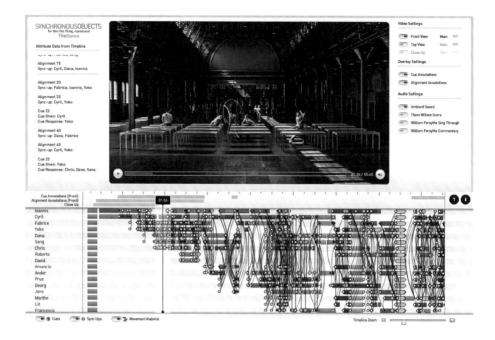

화면을 클릭하면 "신체적 사고는 어떤 다른 방식으로 보일까?(What else might physical thinking look like?)"라는 질문이 나타난다. 지난 사십 년간 포사이스를 자극했던 호기심이 응축된 질문이다. 그에게 춤은 '신체적 사고'이다. 신체에 기반을 두고 만들어진 안무를 신체로부터 분리한 것. 마치 조각을 걷어낸 거푸집처럼 텅 빈 동시에 복잡한 정보를 담아낸 것이 바로 '동시발생적 오브제'이다.

'동시발생적 오브제'의 데이터를 카메라 위치, 신호, 음향과 해설 등 다양한 방식으로 설정해 볼 수 있는 영상 분석물. '동시발생적 오브제' 웹사이트.

　연구소의 협업자들은 여러 각도에서 촬영된 「편평한 것」의 원작 영상을 바탕으로 춤이 가지고 있는 다양한 요소를 꼬박 이 년에 걸쳐 데이터로 환원했다. 데이터는 '공간 데이터'와 '질적 데이터'로 구분된다. 공간 데이터는 무용수의 신체가 삼차원 공간의 좌표상에서 차지하는 위치에 대한 정보이고, 질적 데이터는 무용수들이 주고받는 신호와 정렬에 대한 정보다. 수천 개의 정렬 중에서 이백여 개

다양한 형태와 논리로
조합된 스무 개의
'동시발생적 오브제'.
생김새는 달라도 모두 한
가지 데이터에서 나온
결과물이다.

의 동기화(sync-up) 요소를 구별해냈다.

일단 디지털로 변환된 데이터는 여러 분야의 프로그래밍에 따라 다양한 형태와 논리로 조합되어 시각적인 오브제로 재탄생했다. 홈페이지에는 모두 스무 가지의 오브제가 제시되어 있는데 무용수가 머무른 공간의 빈도에 따라 등고선이 그려진 것, 무용수의 팔과 다리가 만드는 궤적이 쌓이며 선과 면으로 나타나는 것, 혹은 춤 데이터를 건축적 관점에서 재료의 질감으로 형상화한 것 등이다. 이들의 생김새는 모두 다르지만 디엔에이는 같으니 「편평한 것」과 그야말로 '동기화된' 클론이다. 춤은 이제 한 덩어리의 데이터가 되었다.

「편평한 것」이 '동시발생적 오브제'로 변환되는 과정은 협업 형태의 과학 실험을 닮았다. 인간 게놈 지도를 완성하기 위해 전 세계 과학자들이 합심했듯 여러 분야의 연구자들이 모여 「편평한 것」

디엔에이복제로 탄생한 클론

「편평한 것」의 데이터를 스무 가지 방식으로 조합한 '동시발생적 오브제' 중에서
〈정렬주석(AlignmentAnnotations)〉(위)과 〈입체정렬형태(3DAlignmentForms)〉(아래).

에 내재된, 극도로 복잡한 안무의 원리를 재구성했다. 안무법에 대한 포사이스의 과학적이고 실증주의적인 실험은 이번이 처음은 아니다. 포사이스는 1994년부터 오 년간 독일 카를스루에 미디어예술센터(Center for Art and Media Karlsruhe)와 협업해 즉흥 테크놀로지 시디롬(CD-ROM)을 발표한 바 있다. 즉흥에 대한 자신의 생각과 안무 원리를 총 육십삼 개의 짧은 강의들로 설명하며 시각화했다. 또한 2006년부터 이 년간 작업해 온라인으로 발표한 '모션 뱅크(Motion Bank)' 프로젝트는 다양한 안무가의 춤 기록을 디지털로 수집하고 수량화해 가시화하는 작업이었다. 선행 작업들이 움직임 분석과 안무법에 대한 원리를 제공했다면, '동시발생적 오브제'는 구체적인 춤의 작동 방식을 낱낱이 드러내는 데 성공했다.

복잡한 예술 창작물이 한 덩어리의 데이터로 말끔히 치환되는 걸 목격하는 경험은 놀랍다. 동시에 이는 마침내 인간 복제에 성공했다는 소식을 듣는 것처럼 섬뜩하기도 하다. '동시발생적 오브제'의 섬뜩함은 유사성이 아닌 동일성에 있다. 오브제들은 그 어느 것도 원작의 생김새와는 거리가 멀다. 그러나 동일한 데이터에서 발생했기에 원작과 동일한 정체성을 지녔다. 디엔에이가 일치한다는 것은 겉모습이 닮았다는 것보다 훨씬 오싹하다. 범죄수사나 친자확인을 생각해 보자. 흐릿한 지문이나 혈흔에서 발견된 '디엔에이의 일치'는 두 개체가 동일하다는 결정적인 증거가 된다. 발레의 겉치레를 모두 걷어내 버린 그의 발레처럼 '동시발생적 오브제'는 춤의 분자구조까지 파고들어 간다.

춤을 발생시키기

포사이스가 춤을 데이터로 치환한 목적은 무엇일까. '동시발생적 오

디엔에이복제로 탄생한 클론

브제'의 데이터는 「편평한 것」의 무보가 아니기에 춤을 완벽히 재구성할 수 없다. 게다가 포사이스는 거장으로 폼 잡는 데 관심이 없는 사람이고 역사, 유산, 걸작과 같은 의미를 부여하는 것에 대해서도 냉담하다. 2002년 그는 자신이 죽은 후엔 자기 작품을 공연하는 것을 금지할 것이라며 다음과 같이 말한 적 있다. "한 세대가 지나고 나면 이 작품들을 가르칠 의미가 없다. 다음 세대에게도 뭔가 새롭게 창조할 공간을 만들어 줘야 한다. 그땐 세상도 다를 것이다."[77] 그의 작품을 계속해서 보고 싶은 후대의 욕망이 작동하는 한 작품들이 실제로 사라질 것 같진 않지만, 작품을 온전히 보존하는 것이 포사이스에게 큰 의미가 있어 보이진 않는다.

그렇다고 해서 최첨단 기술을 춤에 접목시키는 것이 목적도 아니다. '동시발생적 오브제'에는 여러 가지 기술이 활용되었지만, 새로운 기술보단 현재 여러 분야에서 활용되는 기술을 집적한 것이다. 또한 춤에서 신체를 제거했다고 하지만 이는 이미 1990년대에 모션 캡처를 활용했던 빌 티 존스(Bill T. Jones)의 「고스트캐칭(Ghost-catching)」에서 시적으로 빼어나게 구현된 바 있다. 기술을 활용한 무용 작품은 무수히 많았다. '동시발생적 오브제'가 이와 근본적으로 다른 것은 결과물이 아닌 과정, 감상이 아닌 참여에 초점을 두었다는 점이다. 웹사이트에 모든 데이터가 공개되었기에 누구나 새로운 오브제를 만들 수 있다. 수용자는 수동적으로 '닫힌 구조'를 읽어내기보다는 제공된 데이터를 능동적으로 활용하고 창작에 참여해 계속해서 춤을 발생시킨다. 그 춤이 우리에게 익숙한 춤의 모습은 아닐지라도.

「편평한 것」과 그 클론인 '동시발생적 오브제'는 데이터를 구심점으로 삼아 춤, 즉 신체적 사고에 대해 질문을 던지고 대화를 유도하는 촉매제이다. 춤에 담긴 아이디어들을 어떻게 하면 좀더 효과적으로 드러낼 수 있을까? 신체적 사고는 다른 분야의 지식 및 관점과 어떻게 소통할 수 있을까? 이러한 물음으로부터 출발해 춤이 지닌 복잡한 내적 논리를 가시화하는 작업은 춤을 박제시키려는 욕망보다는 비무용인도 참여할 수 있는 지적 대화로 만들려는 포사이스의 열망을 드러낸다.

주(註)

1 오늘날 세계적인 발레 안무가 중 하나인 라트만스키는 자기 작품을 창작하는 것과 별개로 마리우스 프티파의 작품을 복원하는 데 집중했다. 2014년 「해적(Le Corsaire)」과 「파키타(Paquita)」, 2015년 「잠자는 숲속의 미녀(The Sleeping Beauty)」, 2016년 「백조의 호수」, 2018년 「할리퀴네이드(Harlequinade)」와 「라 바야데르(La Bayadère)」를 복원했다. 피에르 라코트는 필리포 탈리오니의 「라 실피드」「다뉴브의 딸(La Fille du Danube)」「집시(La Gitana)」「그림자(L'Ombre)」를 비롯해 아르튀르 생레옹(Arthur Saint-Léon)의 「코펠리아」, 쥘 페로(Jules Perrot)의 「운디네(Ondine)」, 프티파의 「파라오의 딸(La Fille du Pharaon)」 등 주로 십구세기 낭만발레를 복원했다.

2 Kent De Spain, A Review of "Moving History/Dancing Cultures: A Dance History Reader," *Dance Research Journal*, 34(1), 2002, p. 106.

3 1661년 루이 14세는 자신의 무용 교사인 피에르 보샹(Pierre Beauchamp)을 비롯해 당대 최고의 무용 교사 열세 명을 직접 지명해 왕립무용아카데미를 설립했다. 왕립무용아카데미는 발레 테크닉의 기초를 세우고 무용수와 무용 교사를 양성했으며 1780년에 폐지되었다. 이와는 별도로 발레는 1669년 오페라아카데미로 설립되어 이듬해 왕립음악아카데미로 거듭난 왕의 직속 공연기획 기관에서 발전했다. '오페라'라는 명칭으로 더 잘 알려진 왕립음악아카데미는 오페라, 음악, 발레를 긴밀하게 결합해 코미디발레, 오페라발레 등의 형식을 탄생시켰다. 1681년

239

왕립음악아카데미 안에 여성 발레단이 창설되었고 1713년에는 부설 무용학교가 생겼다.

4 1865–1868년경 미국에서 출현한 대중적인 쇼 형식으로, 저속한 희극과 코러스 걸의 쇼를 합친 형태였다. 영국에서는 십구세기 후반에 유행한 일종의 음악극을 가리키며, 후에 뮤지컬코미디와 레뷰(revue)가 되었다.

5 도리스 험프리, 김옥규·김말복 역, 『현대무용입문』, 도서출판 청하, 1983, pp. 17–22.

6 탄츠테아터는 춤(tanz)과 연극(theater)을 결합시킨 현대춤의 주요 양식으로, 독일을 중심으로 발전했다. 루돌프 폰 라반이 처음 그 개념을 사용했고, 그의 제자였던 쿠르트 요스가 발전시켜 피나 바우슈가 확립했다고 알려져 있다. 기존의 예술춤 문법을 벗어난 자유로운 형식에 무대장치를 강조하는 특징이 있으며, 주제적인 면에서는 구체적 스토리보다는 현실에서 겪을 수 있는 여러 상황과 인간 내면의 감정, 사회적 이슈 등을 다룬다.

7 1912년 혹은 1913년 유니버설 영화사에서 안토니오 가우디오(Antonio Gaudio)라는 영화감독이 안나 파블로바를 촬영했다고 전해지지만 그 네거티브 필름은 소실되었다. 이후 1923년 영화감독 더글라스 페어뱅크스(Douglas Fairbanks)는 「바그다드의 도둑(The Thief of Bagdad)」 촬영 세트장에서 파블로바를 촬영했다. 이 영상과 파블로바가 휴식하는 영상을 합쳐 뉴욕현대미술관이 '불멸의 백조(The Immortal Swan)'라는 이름으로 편집해 1936년 유통했다. 이후 두 차례의 세계대전으로 필름이 사라졌다가 1964년 프랑스의 한 건물 지하실에서 극적으로 발견되었다.

8 동작들을 가르치고 반복해 연습시키며 작품의 재공연 및 리허설을 감독하는 직책으로, 레페티퇴르(répétiteur)라고도 한다.

9 월터 테리의 책에 인용된 부르농빌의 말을 참고했으며, 〔〕 부분은 월터 테리가 덧붙인 내용임. Walter Terry, *The King's Ballet Master: A Biography of Denmark's August Bournonville*, Dodd, Mead, 1979, pp. 42–43.

10 「마르스와 비너스 혹은 불카누스의 그물(Mars et Vénus ou Les filets de

Vulcain)」은 4막짜리 발레 팬터마임이다. 로마 신화에서 비너스(아프로디테)는 대장장이의 신인 불카누스(헤파이스토스)의 아내지만 바람기를 잠재우지 못하고 마르스(아레스)와 바람을 핀다. 불카누스는 침대에 청동그물을 설치해 이들을 현장에서 잡아 웃음거리로 만들어 버린다.

11 「플로르와 제피르」는 샤를 루이 디들로(Charles-Louis Didelot)가 안무한 단막 발레다. 북풍의 신 보레아스가 서풍의 신 제피르의 아내인 플로르를 유괴하고 제피르를 죽인다. 아홉 뮤즈 여신의 애도 속에 제피르가 부활해 아내와 재회하고 보레아스는 뮤즈에게 벌을 받는다.

12 오랫동안 낭만발레 시대에는 부드러운 슈즈를 사용해서 무용수가 발끝으로 서면 체중이 그대로 실려 발끝이 짓눌린다고 알려졌다. 또한 말 그대로 발끝의 힘으로 설 수밖에 없기에 잠깐 동안만 기교를 행했다고 짐작되었다. 그러나 낭만발레 복원 전문가 피에르 라코트에 따르면 당시 슈즈엔 마분지로 만든 밑창을 따로 댄 자국이 남아 있고, 슈즈 창고에 슈즈와 마분지 밑창이 가득했다는 점에서 밑창과 슈즈를 합체하는 형태로 사용했을 것이라 추측된다. Nadine Meisner, "Pierre Lacotte and the Romantic Ballet," *Preservation Politics: Dance Revived, Reconstructed, Remade*, Stephanie Jordan, eds., Dance Books Ltd., 2010.

13 런던 공연에선 마리 탈리오니가 실피드 역, 마리의 남자 형제인 폴 탈리오니(Paul Taglioni)가 제임스 역, 그의 아내인 아말리아 갈스터 탈리오니(Amalia Galster Taglioni)가 에피 역을 맡았다.

14 발레 테크닉은 강렬하고 에너지 넘치는 이탈리아 학파, 세련되고 우아한 프랑스 학파, 이탈리아 학파와 프랑스 학파의 특성이 결합된 러시아 학파로 크게 나뉜다. 그중에서도 발레 메소드는 당대 유명한 발레 교사가 교수법과 테크닉의 스타일을 확립해 간 것으로 이탈리아의 엔리코 체케티(Enrico Cecchetti)가 개발한 체케티 메소드, 러시아의 아그리피나 바가노바가 개발한 바가노바 메소드, 덴마크의 부르농빌이 개발한 부르농빌 메소드가 주요 메소드로 꼽힌다.

15 휘게는 사랑하는 사람들과 함께하며 소박한 삶의 여유를 즐기는 라이프스타일을 뜻한다. 십구세기 덴마크 문학에서 처음 등장해 점차 덴마

241

크와 노르웨이의 문화적 정체성을 의미하는 단어가 되었다. pmg 지식 엔진연구소, 『시사상식사전』, 박문각 참조.

16 Deborah Jowitt, *Time and the Dancing Image*, William Morrow & Co., 1988, p. 30.

17 Nadine Meisner, 앞의 책, p. 176.

18 발레무용수가 무대 중앙에서 하는 움직임은 음악의 템포에 따라 크게 아다주와 알레그로로 구분되며, 알레그로는 음악의 속도와 동작의 크기에 따라 다시 프티 알레그로, 미디엄 알레그로, 그랑 알레그로로 나뉜다.

19 「백조의 호수」 초연 후 음악 출판사 발행인에게 보낸 편지 중에서. "Ballet in the Letters of Tchaikovsky," *Sovietsky Ballet*, Issue No. 6, 1990.

20 Philip Ross Bullock, *Pyotr Tchaikovsky*, Reaktion Books, 2016, p. 94.

21 Roland John Wiley, *Tchaikovsky's Ballets: Swan Lake, Sleeping Beauty, Nutcracker*, Oxford University Press, 1985, p. 248; 제니퍼 호먼스, 앞의 책, p. 344에서 재인용.

22 '기분전환'이라는 뜻으로, 발레에서 이야기의 흐름과 상관없이 삽입된 춤을 말한다. 극의 전개에서 관객이 지루할 즈음 화려한 춤으로 즐겁게 해 주는 기능을 한다.

23 Maya Plisetskaya, *I, Maya Plisetskaya*, trans. Antonina W. Bouis, Yale University Press, 2008, p. 140; 제니퍼 호먼스, 앞의 책, p. 410에서 재인용.

24 〔 〕 부분은 필자가 덧붙인 내용임. Loïe Fuller, *Fifteen Years of a Dancer's Life*, Small, Maynard & Co., 1913, p. 40.

25 위의 책, p. 31.

26 상체의 움직임을 강조하는 중동의 여성춤인 락스 알 샤르키(Raqs al sharqi)는 벨리댄스, 아라비아댄스 혹은 오리엔탈댄스라고도 불린다. 1893년 시카고세계박람회에서 '리틀 이집트(Little Egypt)'라는 애칭의 파리다 마자르(Farida Mazhar)라는 이집트 무용수에 의해 유명해졌다고 전해지지만 정확하지 않다. 현재에도 사용되는 벨리댄스에 비해 오리엔탈댄스는 선정적이고 인종차별적인 뜻이 강하기에 논란이 되는 용어다.

27　원래는 인도의 여성 궁중무용수의 춤을 일컬으며, 이십세기 초 미국에 소개되면서 이국적인 볼거리로 소비되었다.

28　Ann Cooper Albright, *Traces of Light: Absence and Presence in the Work of Loïe Fuller*, Wesleyan University Press, 2007, p. 85.

29　Loïe Fuller, 앞의 책, pp. 41-42.

30　위의 책, p. 4; Rhonda K. Garelick, *Electric Salome: Loie Fuller's Performance of Modernism*, Princeton University Press, p. 1에서 재인용.

31　Rhonda K. Garelick, 위의 책, p. 31.

32　풀러 대 베미스 사건의 판사인 라콤베(Lacombe)의 판결문 중 일부이다. "Copyright—'Dramatic Composition'—Stage Dance," *Albany Law Journal*, August 27, 1892, pp. 165-166; Anthea Kraut, "White Womanhood, Property Rights, and the Campaign for Choreographic Copyright: Loie Fuller's Serpentine Dance," *Dance Research Journal*, 43(1), Summer, 2011, p. 16에서 재인용.

33　1906년 「불춤(Fire Dance)」을 직접 감독, 연출했으며, 1920년대에 연인 가브리엘 블로크(Gabrielle Bloch)와 함께 영화 세 편을 찍었다. 그 중 「인생의 백합(Le Lys de la vie)」이 남아 있다.

34　Igor Stravinsky and Robert Craft, *Expositions and Developments*, University of California Press, 1959, pp. 128-129.

35　Richard Taruskin, *Stravinsky and the Russian Traditions: A Biography of the Works through Mavra*, University of California Press, 1996, p. 576; Anne Witchard, *British Modernism and Chinoiserie*, Edinburgh University Press, 2015에서 재인용.

36　디아길레프와 그의 측근들이 러시아적인 것을 구현하는 데 반면교사의 역할을 한 인물로 마리아 테니셰바(Maria Tenisheva) 공주가 있다. 테니셰바 공주는 러시아의 문화예술을 서유럽에 소개하는 데 열의를 보였지만 러시아 문화가 서유럽화되는 것에는 강한 반발감을 지녔다. 1905년에서 1908년 사이 파리에서 러시아 미술전을 기획하면서 서구화되지 않은 러시아의 토속적 경향을 소개하는 데 주력했으나, 이는 대부분의 유럽인들에게 "야만적이고 유치하고 절대 이해 불가능"하다

고 받아들여졌다. 이에 비해 디아길레프와 그의 측근들은 가톨릭적 색채가 묻어나고 유럽화한 러시아 예술을 긍정적으로 받아들여 이를 세련되고 코스모폴리탄적인 고급 취향으로 바꾸는 데 적극적이었다. 이처럼 가톨릭적이고 서유럽화한 접근법이 발레 뤼스가 추구하는 '러시아적인 것'의 특성을 이루게 되었으며 이는 「불새」에서 악마의 왕국이 무너진 자리에 기독교 도시가 세워지고, 남자 주인공인 이반이 악한 존재들을 물리쳐 왕이 되는 마지막 장면에서도 극명하게 드러난다. 정옥희, 「발레 뤼스의 「불새」의 미국적 수용에 대한 연구」『무용예술학연구』41(2), 2013, p. 100.

37 "Diaghileff's Ballet Russe Opens Engagement Here—Something about the Organization and its Founder," *New York Times*, January 16, 1916; 정옥희, 위의 논문, p. 107에서 재인용.

38 Vaslav Nijinsky, 'M. Nijinsky's critics: "The word 'grace' makes me feel seasick",' *Daily Mail*, July 14, 1913, p. 7; Ramsay Burt, "Le Sacre du printemps in London," *Russia in Britain, 1880–1940: From Melodrama to Modernism*, edited by Rebecca Beasley and Philip Ross Bullock, Oxford University Press, p. 129에서 재인용.

39 Richard Buckle, *Nijinsky: A Life of Genius and Madness*, Simon & Schuster, 1972, p. 538.

40 1913년 7월 런던 드루리레인의 왕립극장에서 「봄의 제전」이 공연되었을 때 영국 언론은 니진스키가 "우아함에 맞선 죄"를 범했다고 비난했다. *Daily Mail*, London, July 12, 1913; Quoted in Millicent Hodson, "Searching for Nijinsky's Sacre," *Moving History/Dancing Cultures: a Dance History Reader*, Ann Dils and Ann Cooper Albright, eds., Wesleyan University Press, 2002, p. 18. 이후 밀리센트 호드슨은 「봄의 제전」 복원 과정을 서술한 연구서 제목을 "Nijinsky's Crime against Grace"라 붙였다. Millicent Hodson, *Nijinsky's Crime against Grace*, Pendragon Press, 1996.

41 「봄의 제전」의 초연이 몇 회 공연되었는가에 대한 기록은 정확하지 않다. 「봄의 제전」을 복원한 밀리센트 호드슨은 파리 샹젤리제극장에서

5회, 런던 드루리레인에서 3회 공연되었다고 하나 각각 5회, 4회 또는 6회, 3회라는 연구들도 있다. Lucia Ruprecht, *Gestural Imaginaries: Dance and Cultural Theory in the Early Twentieth Century*, Oxford University Press, 2019.

42 Millicent Hodson, "Searching for Nijinsky's Sacre," 앞의 책, pp. 21–22.

43 Jerome Robbins, "Recording the Dance," *The New York Times*, November 24, 1963, p. 45.

44 니진스키와 로몰라의 관계, 니진스키 사후 그의 일기에 대한 우여곡절은 다음을 참조할 것. Joan Acocella, "After the Ball was over," *Twenty-Eight Artists and Two Saints*, Pantheon Books, 2008, pp. 169–192. 니진스키의 일기 한국어판은 다음과 같다. 바슬라프 니진스키, 이덕희 역, 『니진스키 영혼의 절규』, 푸른숲, 2002.

45 한성준은 제1회 무용발표회에서 학무(鶴舞)를 공연했으나, 그의 학무는 궁중학무와 구별되어 '학춤'으로 일컬어지는 경우가 많다. 이 글에선 '학춤'으로 통일한다. 또한 제1회 발표회 역시 1935년이라 받아들여지고 있으나 1935년인지 1937년인지 확실치 않다.

46 문일지, 『벽사 한영숙 고희 기념집―춤을 지키는 마음』, 한국무용아카데미, 1989, p. 47에 수록된, 한성준의 손녀이자 한국무용가인 한영숙과의 인터뷰 중에서.

47 유기룡, 「학춤」 『여성동아』 10월 호, 1973, pp. 99–100; 이송, 「한성준 춤의 창작정신과 역사적 의의」 『한국무용연구』 24권 1호, 2006, pp. 160–161에서 재인용.

48 일제강점기에 있었던 왕립음악기관으로 국립국악원의 전신이다. '장악원→교방사→장악사→이왕직아악대'를 거쳐 1915년 이왕직아악부로 고친 뒤 1946년 구황궁아악부로 바뀔 때까지 이 명칭을 사용하게 되었다. 국립국악원, 『국악용어사전』, 2010.

49 동래야류 기능보유자 신우언의 증언. 김온경, 『동래학춤: 부산광역시지정 무형문화재 제3호』, 부산광역시 문화예술과, 2012, p. 9; 강기화, 「동래학춤의 풍격(風格)에 관한 연구」, 성균관대학교 일반대학원, 2016, p. 55에서 재인용.

50 1963년 10월 15-24일자 『대한일보』 칼럼 「청춘은 아름다워라―이면에서 본 무용사」에 실린 조택원의 글, 「동양고유사상을 무용화」 중에서; 『춤의 선구자 조택원』, 수집·기록 성기숙, 기획·편집 김경애, 댄스포럼, 2006, p. 108에 재수록.

51 「학」은 흔히 '발레극'이라 지칭되지만 장르로서의 발레라기보다는 예술춤을 의미한다. 조택원은 자신의 춤을 '발레'라 지칭한 적 있고 해외 공연에서도 '한국 발레(Korean ballet)'로 소개되었으나 이는 진지하고 사회적으로 존중받는 춤이라는 뜻을 품고 있다. 비서양의 민족춤에 '발레'라는 용어를 붙이는 경향은 아프리카 기니공화국의 국립무용단 명칭인 '아프리카발레단(Les Ballets Africains)'에서도 찾아볼 수 있다.

52 조택원, 앞의 글.

53 신화소란 구조주의 인류학자 레비스트로스가 사용한 개념으로, 언어의 기본 요소인 음소, 형태소와 같이 신화 텍스트를 구성하고 있는 기본 요소를 말한다.

54 1951년 1월 칠레 산티아고에서 공연된 「사우스랜드」 세계 초연의 프로그램 중에서. Katherine Dunham, "Southland Program: A Dramatic Ballet in Two Scenes," *Kaiso!: Writings by and about Katherine Dunham*, VèVè A. Clark and Sara E. Johnson, eds., The University of Wisconsin Press, 2005, pp. 341-342.

55 교사이자 노조운동가였던 백인 유대인 아벨 미어로폴은 1930년 인디애나에서 벌어진 린치 사진을 보고 「쓰디쓴 열매(Bitter Fruit)」라는 제목의 시를 썼으며, 루이스 앨런(Lewis Allan)이라는 필명으로 1937년 한 잡지에 발표했다. 미어로폴은 이 시에 곡을 붙여 뉴욕 그리니치빌리지의 유명한 클럽인 '카페 소사이어티'의 사장에게 건넸고, 이를 빌리 홀리데이가 부르며 유명해졌다. 1939년 빌리 홀리데이가 녹음한 「이상한 열매」는 1999년 잡지 『타임(Time)』에 의해 '세기의 노래'로 선정되었으며, 2002년 미국 의회도서관의 '내셔널 레코딩 레지스트리'(매해 선정해 영구 보관하는 음성 기록물)의 초대 기록물로 선정되었다. 〔미국 의회도서관 블로그에 올라온 에린 앨런(Erin Allen)의 글, 「시의 힘(The Power of a Poem)」(2015)을 참조함.〕

56 Alvin Ailey, "Program Notes," *Brooklyn Academy of Music*, April 9, 1969; Thomas F. DeFrantz, *Dancing Revelations*, Oxford University Press, 2004, p. 115에서 재인용.

57 이 표현은 영국 시인 콜리지(S. T. Coleridge)의 시 「늙은 선원의 노래 (The Rime of the Ancient Mariner)」에서 비롯한다. 항해 중이던 선원이 앨버트로스를 쏘아 죽인 이후, 이 새를 죽이면 끔찍한 액운이 따른다는 전설에 따라 무시무시한 저주에 걸려 온갖 기이한 일을 겪는다. 또한, 선원은 형벌로 자신이 죽인 앨버트로스의 시체를 목에 매달고 있게 되는데, 이를 두고 '골칫덩어리' '마음의 짐' 등의 관용 표현으로도 사용한다.

58 '블러드 메모리'는 앨빈 에일리가 「계시」를 정의하는 핵심적인 개념으로, 유년기의 가족, 흑인 음악, 감정 등을 응축한 개인적이고도 강렬한 경험을 의미한다. Brenda Dixion Gottschild, Frank Russell Ross, *The Black Dancing Body: A Geography from Coon to Cool*, Palgrave Macmillan, 2003. pp. 259−280.

59 Alvin Ailey, Quoted in Robb Baker, "Alvin Ailey," *After Dark*, Dance Magazine, February, 1974; Thomas F. DeFrantz, 앞의 책, p. 99에서 재인용.

60 포스트모던댄스의 정신을 상징하는 이본 레이너의 1965년 '노 선언 (No Manifesto)'.

61 Nicholas Zurbrugg, *Art, Performance, Media: 31 Interviews*, University of Minnesota Press, 2004, p. 297.

62 Sally Banes, *Reinventing Dance in the 1960s: Everything Was Possible*, University of Wisconsin Press, 2003.

63 Steve Reich, "Notes on Music and Dance," *Ballet Review* 4(5), 1973, Reprinted in *What Is Dance?* Roger Copeland and Marshall Cohen, eds., Oxford University Press, 1983, p. 336.

64 *Minimal Art: A Critical Anthology*, edited by Gregory Battcock, E. P. Dutton, New York, 1968; Yvonne Rainer, *Yvonne Rainer: Work 1961−73*, Primary Information, 2020, p. 63에서 재인용.

65 다음 저서에 인용된 「마음은 근육이다」 공연(1968년 4월 11, 14, 15 일)의 프로그램 북을 참고. Yvonne Rainer, *Yvonne Rainer: Work 1961–73*, Primary Information, 2020, p. 71.

66 Yvonne Rainer, "Labanotation," *Sensorium: Embodied Experience, Technology, and Contemporary Art*, edited by Caroline A. Jones, The MIT Press, 2006, p. 165.

67 위의 책. p. 165.

68 라바노테이션이란 시공간상에서 특정 신체 부위가 차지하는 지점을 과학적이고 체계적으로 기록하는 무보법(舞譜法)이다. 독일의 무용학자 루돌프 폰 라반이 고안한 이 기록법은 안무가의 의도를 정교하게 기록해낸다.

69 Yvonne Rainer, "Labanotation," *Sensorium: Embodied Experience, Technology, and Contemporary Art*, edited by Caroline A. Jones, The MIT Press, 2006, p. 163.

70 다음의 글에 인용된 1966년 1월 11일 반스의 회고를 참고. Caroline Partamian, "An Analysis of Yvonne Rainer's Trio A, Survival Through Repetition," *Independent Curators International*, October 8, 2011.

71 〔 〕 부분은 필자가 덧붙인 내용임. Merce Cunningham, *The Dancer and the Dance: Merce Cunningham in Conversation with Jacqueline Lesschaeve*, New York: Marion Boyars, 1985, p. 172.

72 이십세기미술관은 1958년 브뤼셀 만국박람회에서 건축가 카를 슈반처(Karl Schwanzer)가 오스트리아관으로 지었던 건물을 빈 벨베데레 궁전 내로 이전한 미술관이다. 1945년 이후의 이십세기 미술을 주로 전시하며, 2011년 '이십일세기관(21er Haus)'으로 개명되었다.

73 Clive Barnes, "Dance: Merce Cunningham's Events," *The New York Times*, December 3, 1975.

74 Norbert Servos, "What the Body Remembers: How Pina Bausch Keeps Her Repertoire in Shape," *Knowledge in Motion: Perspectives of Artistic and Scientific Research in Dance*, Sabine Gehm, Pirkko Husemann, Katharina von Wilcke, eds., Transcript-Verlag, 2007, p. 188.

75 https://vimeo.com/channels/nelkenline를 참조할 것.

76 '동시발생적 오브제'를 직접 볼 수 있는 웹사이트(https://synchronou-sobjects.osu.edu)에 게재된 윌리엄 포사이스의 에세이, 「안무 오브제 (Choreographic Objects)」 중에서.

77 Ann Nugent, "The Forsythe Saga," *Dance Now*, Spring, 2002, p. 49.

도판 제공

개인 및 단체

국립무형유산원 133-134; 율촌재단 136; 이흥구/손경순 역, 『조선궁중무용』, 열화당, 2000. 131; 조택원, 『가사호접』, 단문당, 1973(김문숙 제공). 139; Danica Paulos 173; © Dieter Schwer 226; © Dominik Mentzos 94–95, cover & dust jacket; Finnish National Ballet © Sakari Viika 122–123; © Gert Krautbauer 164–167; © Hugo Glendinning 73; Internet Archive/California Digital Library; 87 © Jack Mitchell 178; Jerome Robbins Dance Division, The New York Public Library 36, 39, 171; © Jody Sperling 89; Julie Belafonte 148, 152; Library of Congress 102, 104, 107, 112, 115, 119, 154–155; Louis Vuitton © Frank Gehry 137; © Luc Petton 144–145; Merce Cunningham Dance Company © Anna Finke 199, 206–207; Merce Cunningham Dance Company © César Vayssié 202; Merce Cunningham Dance Company © Terry Stevenson 196; © NEUE ROAD MOVIES (Photo: Donata Wenders, 2011) 222–223; Peter Moore © 2020 Barbara Moore/Licensed by VAGA at Artists Rights Society (ARS), NY, Courtesy Paula Cooper Gallery, New York 183; Pina Bausch Foundation 221; Pina Bausch Foundation © Wilfried Kruger 217; © The Museum of Modern Art, New York/Scala, Florence (Photo: Julieta Cervantes, 2020. Digital image) 203; © The Ohio State University and The Forsythe Company (Synchronous Objects, by William Forsythe, Maria Palazzi, Norah Zuniga Shaw) 232–234; The Royal Danish Ballet © Costin Radu 42, 51–53; © Tony Lewis 211–213, 215; © Universal Ballet (Photo: Kyoungjin Kim) 62, 64–65; © Universal Ballet (Photo: Minok Lee) 67; Yvonne Rainer 176; © Yvonne Rainer, Melanie Clark/Dance Notation Bureau 188.

Commons.Wikimedia.org

Anatoliy Garanin/RIA Novosti archive 60; Daniel Assayag 191; Ewa Krasucka (OTRS) 120–121; Jean-Pierre Dalbéra 116; USSR Post 68; WolfD59 109.

정옥희(鄭玉姬)는 춤과 춤이 아닌 것, 무용수와 무용수가 아닌 이의 경계에 대해 탐구한다. 이화여자대학교 무용학과에서 학사와 석사 학위를, 미국 템플대학교에서 무용학 박사학위를 받았다. 유니버설발레단과 중국 광저우시립발레단의 정단원으로 활동했으며, 현재 이화여자대학교 무용과 초빙 교수로 강의하고 있다. 저서로 『진화하는 발레클래스』(2022), 『나는 어쩌다 그만두지 않았을까』(2021), 공역서로 『발레 페다고지』(2017), 『미디어 시대의 춤』(2016)이 있다.

이 춤의 운명은
살아남은 작품들의 생애사

정옥희

초판1쇄 발행일 2020년 12월 15일
초판2쇄 발행일 2023년 5월 15일
발행인 李起雄 발행처 悅話堂
경기도 파주시 광인사길 25 파주출판도시
전화 031-955-7000 팩스 031-955-7010
www.youlhwadang.co.kr yhdp@youlhwadang.co.kr
등록번호 제10-74호 등록일자 1971년 7월 2일
편집 이수정 나한비 디자인 박소영
인쇄 제책 (주)상지사피앤비

ISBN 978-89-301-0692-4 03680

Lives of Dance © 2020, Jeong, Ok Hee
Published by Youlhwadang Publishers. Printed in Korea.